La verdad sobre los ángeles

La
VERDAD
sobre los
ÁNGELES

Alix de Saint-André

Traducción de
Mauro Armiño

PLAZA & JANÉS EDITORES, S.A.

Título original: *Archives des Anges*

Primera edición: julio, 1999

© 1998, Nil Éditions, París
© de la traducción: Mauro Armiño
© 1999, Plaza & Janés Editores, S. A.
  Travessera de Gràcia, 47-49. 08021 Barcelona

Printed in Spain – Impreso en España

ISBN: 84-01-01276-7
Depósito legal: B. 28.183 – 1999

Fotocomposición: Lozano Faisano, S. L.

Impreso en Limpergraf
Del Río, 17. Ripollet (Barcelona)

L 012767

En recuerdo de Bertrand, de Laure, de Paulin
y de todos los niños que
en la actualidad cantan con los ángeles

ÍNDICE

En líneas generales, prefiero que las personas no se aparten de la religión que forma parte de su cultura y que hagan la experiencia del valor de su propia tradición religiosa.

DALAI LAMA

Nuestro Dios está en los cielos, cuanto quiere hace.

Salmo 115[1]

---

1. Para la traducción de los pasajes bíblicos utilizamos la de Francisco Cantera Burgos y Manuel Iglesias González: *Sagrada Biblia*, Biblioteca de Autores Cristianos, 2.ª edición, Madrid, 1979. Y para la de *El Corán*, la de Juan Vernet, Planeta, Barcelona, 1983. (*N. del T.*)

INTRODUCCIÓN

*Donde el autor confiesa
que nunca ha visto ángeles pero que,
pese a todo,
se dispone a hablar de ellos.*

¿Ángeles, dice usted? Yo nunca los he visto. Ninguno. Ni siquiera uno pequeñito. Ni ala, ni pluma. Nada. No insista.

Además, si fuésemos personas serias, hablaríamos de otra cosa. Por ejemplo, de elefantes. De los elefantes grises de África o de Asia, bien emperejilados los días de fiesta, blancos de marfil o rosas por el alcohol: todo el mundo lo sabe. No hay nada que engañe menos que un elefante. Por delante, una trompa, una cola por detrás y cuatro patas en el medio, añádale dos defensas y ya tiene un elefante dispuesto a caminar. En líneas generales. A menos que usted pretenda hacer reír a los niños, es muy difícil escribir tonterías sobre los elefantes: que tienen ocho patas, por ejemplo. Mientras que sobre los ángeles… Decir que un serafín tiene doce alas es una broma bastante gruesa, pero corre el peligro de no hacer gracia: ¡son muchas las personas que todavía ignoran que los serafines tienen seis alas! Muchas otras, y no por ello se las puede criticar, no saben siquiera lo que es un serafín… por la sencilla razón de que nunca los han visto.

Y ésa es una razón excelente.

Los ángeles son invisibles, y eso es lo molesto.

Si estuviesen aparcados en el cielo como los elefantes en el zoológico, los veríamos mediante el telescopio gigante; los satélites los fotografiarían con sus espadas y sus trompetas haciendo surf sobre el anticiclón de las Azores; la señorita del parte meteorológico con sus bonitos pechos no dejaría de hacer bromas sobre los serafines… ¡Ay!

De improviso, las puertas del gran misterio han abierto sus dos hojas. El tráfico de ángeles es un negocio que va bien. Por todas partes manuales prácticos pretenden ofrecer el nombre del ángel que conviene invocar contra el mildiu o el constipado del heno; otros ofrecen la fórmula mágica para activar al ángel guardián propio durante una entrevista cuando se busca un empleo o en carretera cuando la bruma se espesa. Según esos catálogos, los ángeles reunirían las cualidades del teléfono portátil, del pararrayos individual, del animal doméstico y del hada Campanilla. ¿Por qué privarse? Dejen de tomar Prozac y adopten ustedes un ángel, varios incluso: ¡no hay peligro de que se hagan pis en la moqueta! Vivan ustedes por fin una espiritualidad sin peligro gracias a estas criaturas celestiales entregadas justo a tiempo para calmar la angustia metafísica del año 2000.

¡Buena suerte a los ingenuos!

Esta lastimosa pornografía angélica se arroga, con bastante desvergüenza, el derecho de satelizar de este modo a ángeles invisibles alrededor de nuestros fascinantes ombligos para transformarlos inmediatamente en instrumentos de placer o de comodidad intelectual.

¿No ganarían más los ángeles siendo conocidos? ¡Y nosotros también!

Porque los ángeles, si existen, no son objetos sino seres vivos. Por eso, merecen cuando menos de nuestra parte la misma atención inquieta que la que concedemos a las plantas y los animales. Si no existen, entonces hay que clasificarlos en el patrimonio de la humanidad entre las figuras más hermosas del gran sueño de los hombres, y no como grotescos seres que pueden utilizarse para cualquier cosa.

Pero ¿quiénes son los ángeles? ¿Cómo informar con veracidad sobre los ángeles? ¿Dónde se encuentra el sindicato de iniciativa de su celeste pueblucho?

Las ciencias no sirven de gran cosa en este terreno; se

basan en la observación, y los ángeles, como todos podemos comprobar, tienen por característica esencial escapar a cualquier observación. Incluso aunque la física cuántica haya podido demostrar que existían fenómenos inobservables y sin embargo reales, la palabra ángel no pertenece todavía a su vocabulario.

Tampoco la filosofía nos ayuda mucho más; se interesa por las ideas, y los ángeles no son ideas. Muchos filósofos admiten que puede haber, entre lo humano y lo divino, otra categoría de seres, y algunos han llegado a clasificarlos doctamente bajo el nombre de *eones*. Pero cuando llega el momento de pronunciarse sobre su modo de vida… Descartes, que creía en la existencia de los ángeles, no se consideraba competente para hablar de ellos. Y menos todavía sus sucesores.

La cuestión de los ángeles no es filosófica, dicen los filósofos, es teológica: ¡vayan pues a ver a Dios!

¿Dios? Él en persona, sin plural. El único, el verdadero. En una época en que la elegancia suprema es budista, nos vemos obligados a reconocer que Dios, el pobre, completamente solo, no tiene buen aspecto. Sin embargo, en las tradiciones en que abundan los dioses, el ángel no existe como tal. Eso es todo. Y si nos ponemos a mezclar dioses del Olimpo, semidioses con plumas, avatares de Visnú y otras delicadas reencarnaciones de Buda, corremos el peligro de confundir a los ángeles con alguna entidad alada cualquiera, y hasta quizá disfrazada… porque les gusta gastar bromas. ¡Que las amables criaturas que vuelan bajo cielos exóticos o arcaicos nos perdonen!

Desde luego, nadie está obligado a creer en Dios, pero, en materia de ángeles, hay que hacerlo bien. Sin Dios, el ángel es absurdo, desaparece. Para que vuelva y alcance toda la extensión de su envergadura natural es menester que esté Dios en la pista de despegue y el hombre en el tren de aterrizaje. No hay que andarse con rodeos.

¡Taxi! ¡A casa de Dios, y al trote!

«Entonces formó Yaveh Elohim al hombre del polvo del suelo, e insuflando en sus narices aliento de vida, quedó constituido el hombre como alma viviente.»[1] Así es como empiezan nuestras aventuras en la Biblia. Barro animado, eso es lo que somos. En hebreo, hombre se dice *adam*, y tierra *adama*; el hombre es, literalmente, un terrón hecho de tierra. En francés, humano y humo también tienen la misma raíz. Como humildad. Si alguien quiere interesarse por los ángeles, la humildad parece un buen principio: plantar firmemente nuestros pies en la tierra, un pequeñísimo punto de anclaje en el vasto universo.

Bien imantado a su planeta por la ley de la gravedad, el hombre es por tanto un ser pesado. Pero el ángel es un extraterrestre. Ni terrenal, ni hecho de tierra, es ligero, incluso como una pluma: no pesa nada, no pesa sobre nada, no pesa absolutamente nada de nada.

La palabra ángel procede de la traducción griega *aggelos* del hebreo *malaj*, que significa mensajero. Sin más datos. No se sabe de qué está hecho, no se sabe lo que hace: el ángel está en movimiento.

¿Cómo establecer la identidad de un ser sin domicilio fijo, y que no tiene ni altura, ni peso, ni sexo, ni edad, sólo una profesión?

Porque no basta con dar las señas de Dios para llegar. Lo atestigua ese valiente americano lleno de energía y buena voluntad que contaba sus desventuras angélicas en el periódico *Los Angeles Times*. Llamémosle Mr. Chatterton: como no es ése su nombre, nos pondrá al abrigo de eventuales procesos... Según su relato, Mr. Chatterton se había lanzado un día de finales de los años cincuenta a la búsqueda de ángeles en la Biblia. Había regresado de ese largo viaje muy perplejo

1.   Génesis (II, 7).

mucho más tarde, en pleno período *hippie*. Verdad es que había visto innumerables ángeles, sobre todo algunos muy sorprendentes *(very smashy)*, y en ocasiones terroríficos *(frightening)*. Pero ¿de qué estaban hechos? ¿Cuál era su historia? ¿Cuándo habían sido creados? Misterio y chicle. Confuso, Mr. Chatterton no había traído de su pesca más que los nombres de tres de los siete arcángeles: Miguel, Gabriel y Rafael. ¿Y los otros cuatro? ¡Sin embargo, no se había saltado ni una sola página! Mr. Chatterton llegaba a la conclusión, amarga, de que la Biblia era el lugar menos indicado para informarse sobre los ángeles...

Si hubiese leído el Corán —idea que rara vez cruza la mente de los americanos—, Mr. Chatterton habría llegado, nombre más, nombre menos, al mismo punto: los Libros que merecen la mayúscula (la Biblia, los Evangelios, el Corán), *starring God*, cuentan lo que pasó entre Dios y los hombres. En el transcurso de ese folletón bastante movidito, los ángeles, por formidables que sean, resultan personajes secundarios, encargados de misión. Juegan el ingrato papel de los confidentes en el teatro clásico. Mensajeros, como indica su nombre. Y los Libros se interesan más en el mensaje mismo, en su Divino Expedidor y en su humano destinatario que en el cartero —incluso aunque éste posea un aspecto de guapo muchacho, que es el caso de los ángeles a poco que se dejen ver.

El ángel es agente de las Telecom celestes. Y la Biblia no es un anuncio comercial.

Por otro lado, al mundo nunca le han faltado rabinos, obispos ni muftíes preocupados por poner en guardia a los hijos demasiado soñadores de Abraham contra su eventual pasión por los ángeles: un solo Dios ya era mucho, y en todos los casos ampliamente suficiente para saber a quién dirigir las plegarias. ¡Alto a la competencia desleal! El culto a los ángeles puede llevar a lo peor: a la idolatría, a la herejía, incluso al satanismo, lo peor de lo peor, porque en materia de ángeles los más seductores no son necesariamente los mejores... ¡Cuidado!

Este tipo de amenazas no hacen sonreír demasiado cuando vemos surgir de la crónica de sucesos las sombras heladoras de pálidos adolescentes que dedican sus noches de luna llena a desenterrar pobres muertos; también Satanás es un ángel.

¿Debería el buscador de ángeles abandonar la investigación para sentarse al borde del *highway* e inundar de lágrimas su tremolina nocturna, *so sorry*, con Mr. Chatterton? ¡No! Porque, gracias a Dios, si las grandes cabezas de las tres tradiciones —judía, cristiana y musulmana— enseñan desde siempre que *sólo se adora al Buen Dios*, nunca han prohibido que nos interesemos por los ángeles. Y resulta que desde hace siglos se anotan los Libros sagrados con la mira puesta en personajes tan misteriosos. Pocos textos han sido tan leídos, salmodiados, contestados y negados como esos libros. Y en sus márgenes, poco a poco, está escrita la historia de los ángeles. De especulación en discusión, sabios, santos y cuentistas han tejido sin cesar angelologías llenas de sabiduría y poesía. También de disparates. Y cada Libro ha engendrado una multitud de libritos, ecos de tradiciones orales zumbadoras e ininterrumpidas.

De esa masa de documentos, nosotros no conocemos más que las migajas. En el mejor de los casos, migajas. Es bastante improbable, cuando no fuente de jaquecas, heredar de tres tradiciones a la vez en una sola familia; la escuela no enseña la historia de las religiones, y los creyentes mismos ponen la mayoría de las veces mucho más celo en matarse entre sí (a pesar de las órdenes formales recibidas de lo Alto) que en admitir que se disputan el mismo Dios y, por ello, en muchas ocasiones, los mismos ángeles.

Cuando una maldita corriente de viento impulsa hoy a esos ángeles desconocidos hacia un nuevo pico, bastante sucio, de popularidad, se impone como medida de salud mental zambullirse en los archivos en busca de la verdadera fuente de sus orígenes. Hasta el momento, los ángeles son los únicos extraterrestres que han llegado a este planeta; ¡y dado que existen actas de su paso, sería una estupidez no consultarlas!

Cierto que quienes las han redactado, no son gendarmes; unen el sentido de lo maravilloso a la preocupación por la verdad sin ver en ello la menor contradicción. Observan su vida a la luz de otro mundo, del que estos extraños viajeros tan reales, a sus ojos, como el más rugoso de los elefantes grises, sirven de testigos. En realidad les tienen mucho miedo, y sin embargo a veces los denominan, con familiaridad cariñosa, «nuestros hermanos mayores, los ángeles»...

Este libro no es otra cosa que la partícula reencontrada de una inmensa herencia fraterna.

Presentamos algunas historias verídicas de ángeles.

Porque nada de lo que aquí se cuenta es inventado.

En caso contrario lo sería todo.

CAPÍTULO

I

*Donde se muestra en qué circunstancias Jacob, María,
y más tarde Mahoma encontraron a un ángel,
y las consecuencias que de ello se derivaron
para toda la humanidad.*

*Donde se descubren por consiguiente los lazos que unen
a judíos, cristianos y musulmanes,
así como sus razones para zurrarse de lo lindo.*

*Donde se constata con alegría que los ángeles son comunes
a esos tres grupos y que no forman parte del contencioso.*

Revelaciones

Comencemos por el comienzo: Dios.

La particularidad de Dios es que habla. Poco importa que lo llamen Yaveh,[1] Dios Padre o Alá, es necesariamente el mismo: sólo hay uno. Es invisible, «pues el hombre no puede verme y vivir»,[2] pero Él habla.

No creó el mundo con sus manos, sino con palabras: «Y dijo Elohim: "Haya luz", y hubo luz.»[3] Divina simplicidad. No hay diferencia entre lo que Él dice y lo que es. Le basta hablar, y no Se priva de hacerlo.

En el monte Sinaí, cuando entrega los Diez Mandamientos, se Le oye, pero no se Le ve, como Moisés recordará más tarde: «Yaveh entonces os habló en medio del fuego: vosotros oíais sonidos de palabras, mas no percibíais figura alguna, sino una voz.»[4]

Por lo tanto, para descubrir a Dios hay que tender los oídos.

El *Chema Israel*, plegaria que todo judío observante recita mañana y noche, especie de profesión de fe del judaísmo, empieza: «Escucha, Israel, el Señor es nuestro Dios, el Señor es Uno.» *Chema* quiere decir «Escucha» en hebreo.

---

1.   Vocalización, hecha por los traductores, del nombre hebraico de Dios (YHVH), «que no debe ser pronunciado en vano». Tiene varios sentidos, entre ellos el de: «Aquel que era, es y será.»
2.   Éxodo (XXXIII, 20).
3.   Génesis (I, 3).
4.   Deuteronomio (IV, 12).

Ausculta, o fili!: «¡Escucha, hijo mío!»; ésas son también las primeras palabras —en latín— de la regla de san Benito que hace reinar el silencio en todos los monasterios de la Europa cristiana. Porque, según el principio del Evangelio de san Juan: «En el comienzo era el Verbo y el Verbo era con Dios, y el Verbo era Dios.»

¿Por qué Dios se deja descubrir a través de la audición? Quizá porque es el más global de nuestros cinco sentidos; sólo se puede ver lo que está delante de nosotros, mientras que el oído recoge cuanto suena a nuestro alrededor... luego Dios está en todas partes.

Evidentemente, la gran preocupación de este Dios que habla es hacerse oír por los hombres que muchas veces están entregados a diversiones más urgentes. Con ese objetivo, y para prevenir las fatales crisis cardíacas que no dejaría de provocar una intervención demasiado directa de Su parte, ha recurrido a menudo a la mediación de un ángel visible que, en esa ocasión, reviste una apariencia humana. Masculina exclusivamente. Estos ángeles mensajeros siempre son unos muchachos hermosos, hasta el punto de que, si hubiesen tenido alas —este tipo de ángeles no las lleva nunca cuando trabajan—, habrían corrido el riesgo de dejarse algunas plumas en Sodoma: los sodomitas los encontraban tan sexys que de buena gana los habrían hecho pasar por la cazuela.[1]

Antes de dedicarnos a contemplar ángeles menos célebres, detengámonos en el paso de algunas de estas grandes vedettes cuyo mensaje fue fundador, por orden de aparición en nuestro planeta, del judaísmo, el cristianismo y el islam.

En el origen de cada uno de los tres monoteísmos hay una revelación: un encuentro con el ángel, que siempre es un encuentro con Dios.

Y esto no siempre ocurre en soledad...

1.   Génesis (XIX, 1-5).

UN EXTRAÑO BOXEADOR

Jacob vio ángeles varias veces. No era el primero y, por lo menos en su familia, a nadie le extrañaba. En cambio, sigue siendo el primer hombre de la Biblia en haberse peleado con un ángel. Todavía se habla de esa pelea. Porque, como fruto de ese combate nocturno, hacia los años 1700 a.C., Jacob consiguió un nombre que en la actualidad aún sigue resonando como un título: Israel.

Sin embargo, buen pájaro estaba hecho Jacob. Su abuelo, Abraham, era el primer hombre a quien Dios había hablado desde el diluvio y al que había prometido una descendencia tan numerosa como las estrellas del cielo. Su padre, Isaac, el que se escapó del sacrificio, prefería a Esaú, su hermano mayor (por poco, eran gemelos), pero Jacob era el favorito de su madre, Rebeca. Muchacho muy hermoso, Jacob era suave e imberbe: se dice que su rostro estaría impreso en los crecientes de luna. En cuanto a Esaú, era pelirrojo y velludo, «totalmente como una manta de pelos», según el Génesis, el primer libro de la Biblia.

Mientras el lindo Jacob correteaba por el campo agarrado a las faldas de su madre, Esaú dedicaba su tiempo a cazar en la estepa, muerto de hambre. Y gracias a esa hambre, el granuja de Jacob, que era el menor, aprovechó un día para cambiarle el derecho de primogenitura por un sólido plato de humeantes lentejas. ¡Vaya jugarreta!

Pero para ser realmente el mayor, no sólo material sino humanamente, Jacob aún tenía que pasar otra prueba: conseguir la bendición de su padre. Éste había ido quedándose ciego con los años, y esa ceguera le dio una idea a mamá Rebeca... Disfrazó a su imberbe hijo menor de peludo hijo mayor gracias a sus talentos de costurera, y le hizo un hermoso *sweat-shirt* de piel de cabritillo. La estratagema funcionó: en la sombra de la tienda paterna, Jacob pretendió ser Esaú, Isaac creyó reconocerle palpando sus pieles postizas, y lo bendijo como a su hijo mayor. Cuando Esaú volvió de cazar, ¡era demasiado tarde! Había perdido su puesto, según un refrán que por desgracia no podía conocer, dado que se ha sacado de sus desventuras.

Esaú «lanzó un grito fuerte y en extremo amargo»,[1] dice el texto.

«En verdad, se le llamó de nombre Jacob y me ha suplantado ya dos veces: cogióse mi progenitura, y he aquí que ahora se ha cogido mi bendición.» De hecho, hubiera debido desconfiar: Jacob en hebreo significa usurpador...[2]

Pero una bendición, incluso una bendición usurpada, no se devuelve.

Como Esaú, el gran velludo, enloqueció de rabia y amenazaba realmente con matar al bribón de su hermano, Rebeca envió a su hijo mejor Jacob lejos, a casa de unos familiares suyos, en busca de una esposa, mientras Esaú se calmaba.

Muchos años más tarde, tras muchas aventuras, después de haber hecho fortuna, haberse casado con más mujeres de lo previsto y padre ya de once hijos, cuando volvía, dispuesto a ponerse por fin frente a su hermano Esaú, Jacob pasó una noche completamente solo.

«Quedóse entonces Jacob solo, y un hombre estuvo luchando con él hasta rayar el alba. Como viese que no le podía, alcanzóle en la articulación del muslo, y se dislocó la articulación del muslo de Jacob mientras peleaba con él. Entonces dijo:

»—Déjame marchar, pues raya el alba.

»Mas respondió Jacob:

»—No te dejaré marchar sin que me hayas bendecido.

---

1. Génesis (XXVII, 34).
2. Génesis (XXVII, 36). El nombre de Jacob viene de la raíz *aqav*: suplantar.

»Él le preguntó:

»—¿Cuál es tu nombre?

»—Jacob.

»Dijo él:

»—Ya no se dirá tu nombre Jacob, sino Israel, por cuanto has luchado con Elohim y con hombres y has vencido.

»Jacob, entonces le preguntó y dijo:

»—¡Declárame, por favor, tu nombre!

»Respondió:

»—¿Por qué me preguntas mi nombre?

»Y allí mismo le bendijo.»[1]

Evidentemente, el pobre Mr. Chatterton ha tomado como una ofensa personal que ese «alguien», ese desconocido que se revela como un ángel, conserve el anonimato y no diga su nombre a Jacob... ¡Sigamos adelante!

Lo importante es que Jacob había conseguido, tras viva lucha, la bendición final, la bendición divina, la que iba a hacer de él el mayorazgo verdadero, el heredero espiritual de Abraham y de la promesa de Dios. Esaú, que se ha casado con mujeres hititas, «motivo de amargura de espíritu para Isaac y para Rebeca»,[2] será padre de los edomitas, los «descendientes del pelirrojo»,[3] del que todos desconfían, mientras que los doce hijos de Jacob serán los padres de las doce tribus de Israel, los israelitas.[4]

Sin embargo, Dios sabía que Jacob era un usurpador: Él ve todo, incluso de noche.

Además, ¡vaya una ocurrencia, de parte de Jacob, pelearse *contra* un ángel! Cuando uno ve un ángel, hay que prosternarse!

1. Génesis (XXXII, 25-30).
2. Génesis (XXVI, 35).
3. *Edom*: en hebreo, rojo.
4. No deben confundirse con los israelíes, habitantes del Estado de Israel, fundado en 1948.

Pero ¿por qué el ángel de Dios era menos fuerte que Jacob?

Todo esto no se corresponde en modo alguno con la imagen que nos hacemos de la forma de obtener las bendiciones divinas, y mucho menos todavía del comportamiento de los ángeles en sociedad. ¿Cómo imaginar que personajes tan celestes vengan a la tierra a pelearse como verduleras, sin respetar siquiera las reglas del marqués de Queensbury?

Porque ese ángel, desde luego no era lo que se dice un *gentleman*, tiene unos modales muy poco decentes. Para intentar vencer, no duda en propinar a Jacob un golpe sucio. Un golpe bajo. Literalmente. El nervio del muslo de que se trata es el nervio ciático que arranca en el plexo sacro: lo que la Biblia nos describe púdicamente no es otra cosa que un gran golpe en los cojones... tan violento, por otra parte, que Jacob, convertido luego en Israel, cojeará por ese golpe el resto de su vida: ¡y vivió 147 años! Gracias a Dios, ese traumatismo no afectó a su virilidad, porque Benjamín, su duodécimo hijo, nació mucho después de esa pelea.

Francamente, Jacob no lo había robado. Era el tributo que tenía que pagar por sus tribus —y el ángel no eligió ese punto de impacto al azar, se trataba sin duda de una forma de bendición vigorosa en la raíz misma de su descendencia—. Después de todo, el signo de la alianza entre Dios y Abraham es la circuncisión, también situada en un curioso lugar.

Lo interesante de Jacob es su cambio de identidad. A Jacob, el usurpador, el ángel le da el nombre fundador de Israel. Dios había prometido a Abraham ser el padre de un pueblo inmenso, y desde su nieto Jacob, ese pueblo, que es el pueblo de Dios, tiene un nombre elegido por Dios mismo, que significa: «el que ha vencido a Dios». ¡Sobre todo, original!

Pero Dios no es nada convencional. Muchas veces, incluso, es bastante desconcertante. En Jacob, elige para sí un tipo que se le resiste y que desea Su bendición hasta el punto de forzarle la mano, como de igual a igual. Con Jacob, Dios entabla un combate amoroso del que consiente en no tener la última palabra —de otro modo le habría enviado un ángel más fuerte, de esos que destruyen ciudades enteras en un abrir y cerrar de alas—. Por el contrario, Dios parece admitir aquí los golpes de Su ángel como un padre que boxease con su niño... ¡hasta el final, o casi hasta el final!

¿Qué habría hecho Dios de Esaú, a quien los comentaristas rabínicos han encontrado desde entonces toda clase de piojos en la piel, pero cuya equivocación menor sigue siendo dejarse llevar únicamente por el grito de su estómago?

Dios vomita de su boca a los tibios; Jacob no era un tibio.

Y además es el hijo menor, y Dios tiene una debilidad innegable por los hijos menores y los benjamines: Abel, hermano menor de Caín; Isaac, hermano menor de Ismael; Jacob, hermano menor de Esaú; Efraín, hermano menor de Manasés; José, y Benjamín, el bien nombrado... ¿Es porque son más vulnerables, o porque sienten menos apego a los bienes materiales por lo que atropellan a sus hermanos mayores? Vaya usted a saber. Pero, sobre todo, no crea que Él no ama a los pelirrojos: el rey David tenía un pelo rojo reluciente.

Israel es el primer amor de Dios, y su Alianza dura siempre. El cansancio nunca ha amenazado a esta pareja que tiene hoy tantos años pero donde se suceden, desde los tiempos bíblicos, constataciones de adulterio, enfurruñamientos y reconciliaciones. Para quejarse de Su Amado, Israel sigue un régimen alimentario *caher* desde hace más de cuatro mil años, ¡nada menos! Y no cesa de releer la Torá que es, a un tiempo, su contrato de matrimonio y su álbum de un viaje de luna de miel bastante movidito: «Te acuerdas cuando...» Cada palabra de Él es comentada, sopesada y analizada hasta el infinito... ¡cuando no se enzarzan a insultos por un quítame allá esas pajas!

Los cristianos hablan de Dios Padre como del «Dios de

Abraham, de Isaac y de Jacob», y esa escena bíblica de la «lucha con el ángel» ha sido representada a menudo en las iglesias, por Delacroix en Saint-Sulpice, por tomar un ejemplo elegante y central.

También encontramos a Jacob en el Corán, bajo sus dos nombres de Jacob (*Ya'qub*, en árabe) y de Israel, pero aquí no existe el episodio en que lucha contra el ángel, considerado totalmente inverosímil por los musulmanes, para quienes los ángeles son impecables.

Una breve precisión. Lo que llamamos la Biblia es, etimológicamente, una biblioteca. Los judíos lo llaman *TaNaKh*. T por *Torá:* la ley,[1] que comprende los cinco libros atribuidos a Moisés (Génesis, Éxodo, Levítico, Números, Deuteronomio) y que los cristianos llaman el Pentateuco; N por *Neviim:* los profetas (Josué, Jueces, Samuel, Reyes, Isaías, Jeremías, Ezequiel, más los doce «profetas menores»); K por *Ketuvim:* los escritos (Salmos, Lamentaciones, Cántico de Cánticos, etc.). La Biblia de los cristianos está formada por el *TaNaKh*, bautizado como Antiguo Testamento, al que añaden el Nuevo, es decir los textos relativos a Jesús (cuatro Evangelios, los Hechos de los apóstoles, veintiún Epístolas y el Apocalipsis de san Juan).

Otra precisión. La palabra testamento es ambigua: procede del latín *testamentum* que traduce a un tiempo el griego *diathêkê* (convención, disposición testamentaria) y el hebreo *berith* (alianza). A los traductores contemporáneos les parece más exacto hablar de Primera y de Segunda Alianza, más que de Testamento, Antiguo o Nuevo. Este *testamentum* deriva de la raíz latina *testis* que significa al mismo tiempo testigo y testículos, dado que el testigo era quien ponía sus atributos en la balanza para confirmar sus palabras. Dura costumbre

---

1. Traducción habitual: «Enseñanza» sería más exacto: la palabra viene de la raíz hebraica *yrh*, que significa enseñar.

que también practicaban los patriarcas: para que su servidor jure, Abraham le hace poner «su mano bajo su muslo».[1] ¡No estamos nosotros tan lejos de Jacob! Cuando se trata de ángeles, es difícil evitar el sexo.

SALUTACIONES DISTINGUIDAS

Un ángel y una mujer. Todo el mundo sabe la historia. No hay que presentar a la Virgen. Tampoco al arcángel Gabriel. Sin su diálogo, Jesús no habría existido.

La escena debería situarse en el año 1 a.C.; aunque en la actualidad los historiadores piensan que Jesucristo nació hacia el año 6 antes de sí mismo —el calendario no se estableció hasta seis siglos más tarde; lo hizo un monje armenio que se perdió a la hora de hacer sus cálculos.

San Lucas la cuenta en su evangelio:

«En el sexto mes el ángel Gabriel fue enviado por Dios a una ciudad de Galilea cuyo nombre era Nazaret, a una doncella desposada con un varón cuyo nombre era José, de la casa de David; y el nombre de la doncella era María. Cuando entró a donde ella dijo:

»—¡Salve, llena-de-gracia! El Señor está contigo.

»Ella se asustó ante aquellas palabras, y pensaba qué podría significar aquel saludo. Y el ángel le dijo:

»—No temas, María, pues hallaste gracia ante Dios. Mira, concebirás en tu seno, y darás a luz un hijo al que pondrás por nombre Jesús. Él será grande, se llamará Hijo del Altísimo, el Señor Dios le dará el trono de su padre David, reinará sobre la casa de Jacob eternamente, y su reino no tendrá fin.

»María dijo al ángel:

»—¿Cómo será eso, puesto que no conozco marido?

1. Génesis (XXIV, 9).

»El ángel le respondió así:

»—El Espíritu Santo vendrá sobre ti, y el poder del Altísimo te cobijará bajo su sombra; por eso también lo que nacerá se llamará santo, hijo de Dios. Mira, tu parienta Isabel, incluso ella ha concebido un hijo en su vejez, y éste es el sexto mes de la llamada "la estéril", porque para Dios nada es imposible.

»María dijo:

»—Aquí está la esclava del Señor; que me suceda según tu palabra.

»Y el ángel se retiró de ella.»[1]

El ángel Gabriel —de una cortesía exquisita— juega en esta escena un papel muy clásico para un ángel bíblico: revelar un nacimiento capital e improbable. Fueron también ángeles los que anunciaron a Abraham que Sara, su mujer, iba a tener un hijo. Y como Sara, que escuchaba detrás de la tela de la tienda, se había echado a reír (tenía 90 años y Abraham casi 100), uno de los ángeles, sorprendido, le había dado una respuesta similar: «¿Acaso existe cosa extraordinaria para Yaveh?»[2] Naturalmente, si es que puede utilizarse ese término, su hijo Isaac nació dentro de ese año.

Lo nuevo en la escena de Lucas es la petición de matrimonio. A la que la joven María responde con un sentido práctico del que siempre hará gala: en las bodas de Caná será quien señale que el vino empieza a escasear, inaugurando así el inicio de la carrera milagrosa de su hijo. Cuando María replica al ángel que no conoce hombre aunque está casada, quiere decir evidentemente que es virgen. Es ese famoso «conocer en sentido bíblico» que ha hecho una gran carrera entre los eufemismos.

El cristianismo nació del encuentro entre la palabra de un

1.   Lucas (II, 26-38).
2.   Génesis (XVIII, 9-14).

ángel y el oído de una muchacha. Según un evangelio apócrifo medieval: «El Verbo de Dios penetró en ella por su oreja, y así empezó el embarazo de la Virgen»; sería el único caso conocido de inseminación auricular... Más seria es la respuesta de María al ángel: *Fiat!*[1] (en latín: «¡Hágase!», que recuerda el inicial *Fiat lux!* divino, la primera palabra que Dios pronuncia en la Biblia: «¡Hágase la luz!»), iba a rescatar a la humanidad, corrompida por la colaboración de Eva con el demonio.

Porque la primera vez que un ángel se había dirigido a una mujer había dejado recuerdos malísimos: el ángel era Satanás, el ángel malo, la serpiente, que había convencido a Eva, en el jardín del Edén, para que comiese el fruto prohibido, con todas las nefastas secuelas que ese gesto engendró para su descendencia: el parto en medio del dolor, la sumisión de las mujeres a su marido, el trabajo, la muerte,[2] y otras gracias. En la Edad Media era célebre el anagrama: a EVA (Eve en latín) respondía el AVE (saludo) del ángel a María, era Eva al revés. Todavía hoy, numerosas estatuas representan a María hollando con sus pies desnudos la serpiente que fascinó a Eva.

Ese *Ave Maria:* «Yo te saludo, María», pronunciado por Gabriel se ha convertido en una de las plegarias más conocidas, más antiguas y más repetidas del catolicismo: cincuenta y tres veces por rosario —¡y ciento cincuenta y tres veces en un rosario!—. En cuanto al ángel mismo, dejó su nombre al ángelus, oración aparecida en el siglo XII, inmortalizada por Millet y difundida por el calendario de Postas, que se recita desde el siglo XV, por la mañana, a mediodía y por la noche al repique de las campanas; también comprende tres *Ave,* y debe

---

1. *Fiat mihi secundum verbum tuum*: «Hágase en mí según tu palabra.»
2. Génesis (III, 14-19).

su título, como todas las plegarias, a su primera palabra: *Angelus Domini nuntiavit Mariæ:* «El ángel del Señor anunció a María»...

Mientras que la presencia de María en los Evangelios es muy discreta, su importancia en la mayor parte de las religiones cristianas es inmensa por razones múltiples. De hecho, el cristianismo hace que Dios estalle en tres dimensiones. Y María es la mecha de esa bomba divina: hija de Dios Padre, esposa del Espíritu Santo y madre de Jesucristo, resulta al mismo tiempo hija, esposa y madre de Dios —Él siempre único y ella siempre virgen—. Esta compleja y misteriosa situación familiar es un regalo para teólogos.

Para el cristiano de base, María es sobre todo la «Buena Madre» de Dios. La causa es muy simple: desde lo alto de la cruz, justo antes de morir, «al ver Jesús a la Madre, y de pie junto a ella al discípulo que la amaba, dijo a la Madre:

»—Mujer, ahí tienes a tu hijo.

»Luego dijo al discípulo:

»—Ahí tienes a tu Madre.»[1]

Al confiar así al joven Juan a su madre María, Jesús le confía la maternidad de todos aquellos a los que ama, es decir la humanidad entera. La tradición así lo interpreta después de veinte siglos.

En María, todos los cristianos tienen una madre judía. Y una tendencia trágica a olvidar ese origen. En 1910, Léon Bloy escribe con violencia que «el antisemitismo, cosa totalmente moderna, es la bofetada más horrible que Nuestro Señor Jesús recibió en su Pasión que todavía dura, es la bofetada más sangrienta y más imperdonable porque la recibe en la Faz de su Madre y de la mano de los cristianos».[2] Cuando Pío XI repite a sus ovejas el

---

1.   Juan (XIX, 26-27).

2.   En «Le Vieux de la montagne», *Mercure de France*, 2 de enero de 1910.

6 de septiembre de 1938: «El antisemitismo es inadmisible. Espiritualmente somos semitas», no hace sino citar a san Agustín: «Nosotros somos judíos, no carnal sino espiritualmente; somos la semilla de Abraham, no según la carne, sino según el espíritu de la fe.»[1]

Salido del judaísmo (el ángel Gabriel dice que Jesús, descendiente de David, «reinará sobre la casa de Jacob»), el cristianismo se separa de él considerando a Cristo como el Mesías prometido a Israel y, por lo tanto, a la Iglesia, es decir al conjunto de los cristianos, como el nuevo Israel, pueblo heredero desde entonces de la promesa divina a Abraham. De ahí esas dos largas muchachas gemelas que a veces se ven en las catedrales: una lleva una corona y la otra una venda sobre los ojos; la primera simboliza a la Iglesia y la segunda a la sinagoga.[2] Por lo tanto, el cristianismo se pretende la continuación del judaísmo, única religión verdadera antes de Cristo, que, después de Cristo, se vuelve caduca: una especie de anacronismo viviente.

En la actualidad, los cristianos no leen ni el Talmud ni los numerosos comentarios rabínicos que son la vida misma del judaísmo desde hace dos mil años. No siempre ocurrió así: en el siglo XIII, por ejemplo, esos textos sirvieron de base a justas oratorias entre sabios judíos y cristianos, pero terminaron siendo censurados o quemados por blasfemia.

Y como los pasajes que fueron suprimidos antes que ninguno en el Talmud eran los que se referían a Cristo, muchos judíos ignoran a su vez que Cristo hablaba de sí mismo como de un maestro de la *Mishá* (ley oral), colgado la víspera de

1. Cartas, III, 10 (Patrología latina XXIII, 894).
2. Manifestación típica de ese antijudaísmo denunciado en la actualidad por el propio papa. En efecto, después de haber querido convertir durante mucho tiempo a los judíos, la Iglesia católica considera ahora que, en tanto que tales, los judíos tienen un papel en la economía de la Salvación.

Pascua después de haber sido lapidado por haber «embrujado, seducido y rechazado a Israel».[1] El Talmud citaba cinco discípulos suyos: *Matai* (Mateo), *Nakai* (Lucas), *Nester*, *Bunai* y *Todán* (Tadeo).[2]

Sea como fuere, los judíos consideran a Jesús como el judío que más problemas les ha traído de toda la Historia. No es ni profeta, ni, menos todavía, el mesías que Israel espera. Y sobre todo no es Dios. En cuanto al misterio de su nacimiento, los más educados no dicen nada... O como el rabino Namanides al rey Santiago I de Aragón, en Barcelona, en julio de 1263: «Tú, nuestro señor rey, eres cristiano, hijo de un cristiano y de una cristiana; toda tu vida has oído a sacerdotes, monjes y predicadores hablar del nacimiento de Jesús. Te han atiborrado con él el cerebro y la médula de tus huesos, hasta que la costumbre lleve tu espíritu a creer en él. Sin embargo, el sentido común no puede aceptarlo. (...) Que el Creador de los cielos y de la tierra, así como de todo lo que encierran, penetre en el vientre de una mujer judía y se entretenga dentro de él nueve meses, dé nacimiento a un niño, que el niño crezca y sea entregado luego a manos de sus enemigos, que le juzgan, le condenan a muerte y lo matan, y que por último resucite y se vuelva a su lugar inicial, ¡todo esto es intolerable para el espíritu de todos los judíos, lo mismo que para el de todos los hombres!»[3]

Paradójicamente en cambio, el nacimiento milagroso de Jesús no plantea ningún problema a los musulmanes. ¡Los cristianos ignoran muchas veces el papel que juega María, con el nombre de Maryam, en el Corán, mucho más hablador

1.   Los mandamientos positivos 229 y 230 de la ley judía preveían la lapidación, y el ahorcamiento obligatorio después de ciertas ejecuciones. Es lo que estaba previsto para Cristo (*cf.* san Juan, X, 33). La crucifixión era un castigo romano destinado a los esclavos y a los rebeldes.
2.   Sanedrín (43, a).
3.   Namanides en *La Disputa de Barcelona*, 2.º día. Verdier.

respecto a ella que los Evangelios! La tercera azora refiere su genealogía, su padre Joaquín (*Imrán*), su prima Isabel (*Ishba*), su nacimiento, su adolescencia en el Templo con el tío Zacarías e incluso la visita, junto al pozo de Salwán, del ángel Gabriel anunciándole el futuro nacimiento milagroso de Jesús (*Issá*):

«Los ángeles dijeron: "¡Oh, María! Dios te albricia con un Verbo, emanado de Él, cuyo nombre es el Mesías, Jesús, hijo de María; será ilustre en esta vida y en la última, y estará entre los próximos a Dios, hablará a los hombres, en la cuna, con madurez, y estará entre los justos."»[1]

La sorpresa de la muchacha también aparece en otro capítulo: «¿Cómo tendré un muchacho si no me ha tocado un mortal?»[2]

El espíritu de Dios penetró en María por «la raja de su camisa», según la tradición coránica, que también dice que todos los niños chillan al nacer porque son pellizcados por Satanás. Todos menos dos: María y Jesús.

Los musulmanes tienen a María por la madre virginal del profeta Jesús, anunciador del último profeta: Mahoma. Lo llaman Jesús «el Ungido», término que tiene el mismo sonido que *Maschiá*, Mesías en hebreo, o *Kristós*, Cristo en griego: el que ha recibido la unción divina.

Pero los musulmanes no consideran nunca a Jesucristo como Dios ni como hijo de Dios. Para ellos, eso sería blasfemo. Dios no tiene socios, ni hijos: «No ha engendrado, ni ha sido engendrado.»[3] Y Cristo no fue crucificado de la misma forma que no resucitó. Alguien fue crucificado en su lugar, y Cristo, vivo, subió directamente al Cielo, de donde volverá al final de los tiempos. Esto les parece más honroso —la cruci-

---

1.   Corán (III, 45-46).
2.   Corán (XIX, 20).
3.   Corán (CXII, 2-3).

fixión era en efecto un castigo infamante— y mucho más racional.

LA LECCIÓN DE LECTURA

Nacido el 1 de septiembre del año 570 en La Meca, huérfano a temprana edad, Mahoma no tuvo una infancia muy feliz. Llevado de acá para allá, finalmente fue recogido por un tío caravanero. Su juventud fue viajera, de Siria a Palestina, donde se codeó con judíos y con cristianos, y guerrera, al lado de su clan. A los 25 años entró al servicio de una viuda rica, Kadija, con la que se casó poco más tarde, y de la que tuvo cuatro hijas. Lo tenía todo para ser feliz cuando, hacia la edad de cuarenta años, atravesó una crisis de meditación solitaria. Atormentado por angustias, hacía retiros cada vez más largos en la gruta del monte Hira. Completamente solo. Sin comer. De noche tenía pesadillas abrumadoras, le parecía que un ser «grande como la distancia de la tierra al cielo» se le aparecía y quería atraparle. Se despertaba sudando y tembloroso. De día, vagaba con el pelo revuelto, flaco, creyéndose loco o poseído. Hasta la noche de la última semana del mes de Ramadán del año 612, que los musulmanes llaman «la noche del destino», la noche en que le habló el ángel Gabriel.

«El ángel vino a mí mientras yo dormía. Traía en la mano un tejido bordado envolviendo un libro:

»—¡Lee! —me ordenó.

»—Pero no sé leer —le contesté.

»Entonces me puso el libro contra la boca y las narices con tanta fuerza que estaba a punto de ahogarme. Por un momento creí que él era la muerte. Luego me soltó.»[1]

1. Relato tradicional, referido por Tufic Fahd, «Nacimiento del islam», en *Histoire des religions*, La Pléiade, Gallimard.

El ángel repite dos veces su orden y su gesto vigoroso. A la tercera, Mahoma le pregunta qué debe leer, y el ángel le dice frases que Mahoma repite, y que se inscriben en su corazón. El ángel desaparece, Mahoma se despierta, y abandona su caverna.

«Nada más llegar a la mitad de la montaña, oí una voz que decía: "¡Oh Mahoma! Tú eres el apóstol de Alá y yo soy Gabriel." Alcé la cabeza hacia el cielo para mirar, y Gabriel estaba allí, bajo los rasgos de un hombre, uniendo los talones al horizonte del cielo. Me repitió una vez más: "¡Oh Mahoma! Tú eres el apóstol de Alá y yo soy Gabriel." Me detuve, mirándole, sin poder avanzar ni retroceder. Entonces me puse a volver mi rostro hacia los demás puntos del horizonte, pero no podía mirar ningún punto del cielo sin ver al ángel en la misma actitud. Así permanecí, de pie, sin poder avanzar ni volver sobre mis pasos.»

Mahoma no volverá a su casa hasta el día siguiente, bien entrada la noche. Durante más de veinte años proclamará el Libro que tiene grabado en su corazón, mientras el ángel sigue instruyéndole. Las relaciones entre Gabriel y Mahoma, que habían empezado de una forma bastante brutal, no cesarán de mejorar, hasta el punto de que otra noche, unos diez años más tarde, Gabriel lo llevará a visitar los cielos a lomos de jumento.

Lo único que tiene que hacer Mahoma es obedecer al ángel. Gabriel (*Jibril*, en árabe) recupera aquí su vigor de ángel bíblico y está a punto de ahogarle, pero Mahoma no hace un solo gesto de defensa; trata de obedecer con todas sus fuerzas. Estamos muy lejos del Jacob que pelea... *Islam* quiere decir sumisión. Siguiendo al profeta, los musulmanes se pretenden sometidos a Dios, esclavos incluso de Dios, según ciertas traducciones.

Lo primero que el ángel le dice a Mahoma es... «¡Lee!»: *Iqra* en árabe, de ahí Al Qarán —en español, el Corán—, la

Lectura. Sólo hay una única Escritura, inscrita en la Tabla bien guardada (*al-lawh al-mahfuz*) junto a Dios, y que en distintas épocas ha bajado sobre Sus profetas: Abraham, Moisés, Jesús y Mahoma. Los musulmanes consideran, pues, que los judíos y los cristianos son, como ellos, «gentes del Libro». Pero ese Libro está en los cielos.

Mektub! («está escrito»), repiten los musulmanes: todo está escrito. Hasta los ángeles del cielo mojan sus plumas en la tinta, y es un ángel quien escribe, al dictado de Dios, el destino del hombre en la matriz de su madre, nada más estar en devenir en su vientre.

Siguiendo la orden del ángel Gabriel, el estudio es prioritario. No sólo el estudio del Corán. Desde la Alta Edad Media, los sabios musulmanes serán famosos en todos los campos: el ejemplo de al-Jwarizmi que inventó el álgebra hacia el año 830 está lejos de ser único. «A quien se abre un camino para buscar un saber, Dios le abrirá un camino hacia el Paraíso. Los ángeles se someterán, con las alas cerradas, para contentarle. Todos los huéspedes de los cielos y de la tierra, y hasta las ballenas del mar, pedirán el perdón de Dios para aquel que ha tratado de aprender»,[1] dice un *hadiz*, una frase atribuida al Profeta.

El tamaño de Gabriel en la visión final de Mahoma indica de sobra la importancia de los ángeles en el islam; es considerable, y es un artículo de fe. Los musulmanes proclaman: «Creemos en Dios, en sus Ángeles, en sus Libros, en sus Enviados y en el día de la Resurrección.» Un musulmán que no crea en los ángeles sería simplemente un renegado.

Para los musulmanes, el Corán es la palabra de Dios; Gabriel no ha hecho sino dictársela a Mahoma. No hay más que un solo Dios (*Ala*), el Dios de Abraham, de Moisés, de Cristo y de Mahoma, su último profeta, cuya venida anuncia

1.   Abu Dawud in Sunan (*tradiciones proféticas*).

Jesús en el Evangelio según san Juan: «Pues si no me marcho, el Paráclito no vendrá a vosotros, pero si me voy, os lo enviaré. (...) Cuando venga él, el Espíritu de la Verdad, os guiará en el camino de la verdad total; pues no hablará por su cuenta, sino que expondrá lo que oiga y os anunciará lo venidero.»[1] Para los cristianos, este Paracleto (del griego *parakletós:*[2] consejero, consolador) designa al Espíritu Santo que va a descender en Pentecostés sobre los apóstoles. Para los musulmanes, hay que leer *paraklytós*, que significa —siempre en griego— «digno de ser alabado»; es decir, en árabe, *Muhammad...* Mahoma.

Los musulmanes admiten la validez de la Biblia y de los Evangelios, salvo que, según ellos, estos textos fueron redactados mucho tiempo más tarde de los hechos y fueron abundantemente manipulados por judíos y cristianos. De la misma forma que Jesús no es Dios ni hijo de Dios, Israel no es para nada el pueblo elegido, y Dios nunca hizo pacto de alianza con él; Abraham tampoco llevó al sacrificio a su hijo Isaac (que tuvo de su mujer Sara, padre de Jacob y antepasado de los judíos), sino a su hijo Ismael (nacido de una sirvienta egipcia, Agar, y antepasado de los árabes), etc.

Sólo el Corán restablece la verdad. De igual forma que el cristianismo se concibe como la continuación del judaísmo, el islam se presenta como el acabamiento de los dos monoteísmos anteriores.

Evidentemente, ni judíos ni cristianos lo entienden así. Para ellos, Mahoma no es un profeta; es exactamente un hombre inspirado, guerrero y polígamo como un patriarca,[3] que edificó para su pueblo, hasta ese momento pagano, un monoteísmo

---

1. Juan (XVI, 7-13).
2. Los Evangelios están escritos en griego.
3. Tuvo diez esposas: Jadicha, Sauda, A'isha, Hafsa, Umm Salâma, Zaynab Safiyya, Jowayriya, Umm Habiba y Maymûna. Además de algunas concubinas.

simple, absoluto y universal. Para ello se habría servido de lo que había aprendido a través de sus encuentros. Primero con el judaísmo, que adapta y simplifica: en la *charia* musulmana se encuentra la *halajá* judía, una ley que regula cada minuto y cada aspecto de la vida del creyente; también se encuentra, bajo el mismo nombre, la *tahará*, es decir los principios de pureza y de impureza, los tabúes alimentarios, etc. A este judaísmo revisitado, Mahoma le habría añadido el arrianismo, herejía cristiana[1] muy difundida en su época, que no reconocía la divinidad de Jesucristo.

En medio de todas estas divergencias emerge un denominador común más pequeño —¡pero infinitamente grande!—: nadie pone en duda la existencia del Dios único.

Todos están igualmente seguros de su filiación individual con Abraham: antepasado legítimo de los judíos (vía Jacob), antepasado natural de los musulmanes (vía Ismael), y antepasado adoptivo de los cristianos (vía María). Esta descendencia representa hoy aproximadamente la mitad de la población terrestre y le vale a Abraham el título inatacable de «padre de los creyentes».

Tampoco hay nadie que, entre éstos, rechace ni la existencia ni la fuerza del ángel Gabriel.

---

1.   Condenada en el año 325 por el Concilio de Nicea.

CAPÍTULO

II

Donde se responde a las cuestiones básicas sobre los ángeles: edad, número, lengua, alimentación.

Donde se indica la forma en que se han podido recoger todas estas informaciones de manera segura.

Donde se trata de calcular el tamaño de Dios y además muchas otras maravillas.

Investigaciones

¿Cómo responder, hablando de los ángeles, a las preguntas del aprendiz de reportero —¿cuándo? ¿cómo? ¿qué? ¿cuántos? ¿por qué?— sin decir bobadas? Una lectura lineal de los Libros, como la intentó el bueno de Mr. Chatterton, no lo permite. Desde hace siglos los comentaristas han encontrado métodos distintos. Sea que hayan levantado una a una las capas de los versículos, de las palabras e incluso de las letras para hacerlas sonar contra otras, a veces muy alejadas en el texto, y hayan brotado chispas de sentido que inflaman los espíritus… Sea que hayan decantado, como buscadores de pepitas de oro, la arena de los capítulos con el agua de la tradición para expurgar las diversas interpretaciones, literal, histórica o simbólica, a fin de que termine por brillar en su tamiz la auténtica pepita: el sentido místico.

¿CUÁNDO fueron creados los ángeles?

Nuestro pobre amigo Mr. Chatterton habría podido asumir esta frase de san Agustín: «En los relatos que las Sagradas Escrituras hacen del mundo, en ninguna parte se indica de forma clara el hecho y el orden de la creación de los ángeles.»
¡Es cierto!
Sin embargo, la Biblia empieza por el relato ordenado de la creación del mundo en seis días. ¡Y ni un solo rastro de ángeles, ni la menor plumita celeste! Pero, inmediatamente después, ahí

están los ángeles; y es completamente imposible que no hayan sido creados puesto que no existe nada ni nadie que no haya sido creado por Dios. Sí, pero ¿cuándo? ¡Estupendo tema para mesarse los cabellos con los indicios ocultos en los versículos sagrados para nuestros Sherlock Holmes religiosos!

ANTES DE TODO ESTO...

«En el principio, Dios creó el cielo y la tierra», ésa es la primera frase de la Biblia.

Todo un areópago de viejos Padres de la Iglesia (san Basilio, san Gregorio Nacianceno, san Hilario, san Jerónimo, Juan Damasceno y Orígenes) piensa que los ángeles son anteriores basándose en el Libro de Job, donde Dios pregunta a éste: «¿Dónde estabas al fundar Yo la tierra? (...) ¿Sobre qué se asentaron sus basamentos o quién colocó su piedra angular, cuando cantaban a coro de las estrellas del alba y aclamaban unánimes los hijos de Elohim?»[1] Pero los Hijos de Dios, *Benê Elohim* en hebreo, designan en la Biblia a los ángeles. Cuando Dios creó la tierra, los ángeles ya estaban allí para aplaudir.

DURANTE

Estaban allí, desde luego, pero ¿desde hacía cuánto tiempo? En la frase «¿Dónde estabas al fundar Yo la tierra?», ese «al» significa *durante*. Y *durante* no quiere decir *antes* replica Gregorio el Grande, que también cita el Eclesiástico: «El que vive por siempre creó todas las cosas en conjunto»,[2] es decir, el mundo angélico y el mundo sensible.

1. Job (XXXVIII, 4-7).
2. Eclesiástico (XVIII, 1).

Ruperto, sacerdote y abad benedictino del siglo XII en la región de Colonia, hombre práctico, subraya que si el cielo no hubiese sido creado antes que los ángeles, se habrían visto privados durante algún tiempo de alojamiento, cosa poco imaginable en Dios, huésped perfecto...

En forma de metáfora, sus contemporáneos, los rabinos del Bahir, expresan la misma idea: «Esto es comparable a un rey que, deseando plantar un árbol en su jardín, lo examina por entero para saber si en él había un manantial para hacerlo brotar. Al no encontrar nada, dice: "Voy a cavar y a buscar agua y haré salir una fuente para que el árbol pueda subsistir." Cavó e hizo brotar un manantial de aguas vivas; tras ello, plantó el árbol que se elevó y dio frutos porque sus raíces estaban constantemente regadas por ese manantial.»[1] Así pues, Dios, rey jardinero, creó los ángeles inmediatamente después de los cielos.

SÍ, PERO ¿CUÁNDO?

Para los católicos, fue el IV Concilio de Letrán (contra los albigenses cátaros que sostenían que si el espíritu, bueno, era obra de Dios, la materia, mala, era obra del diablo) el que decidió, en el año 1215, en su decreto *Firmiter*, que Dios «desde el principio de los tiempos, creó todo junto de la nada, una y otra criaturas, la espiritual y la corporal, es decir los ángeles y el mundo terrenal; luego la criatura humana, que tiene de las dos, compuesta como está de espíritu y de cuerpo».[2] Así pues, los hombres habrían sido creados al mismo tiempo que el universo y antes que el hombre.

1. Le Bahir, *Livre de la clarté*, part. 23. Verdier.
2. *[Unum universorum principium: creator omnium visibilium et invisibilium, espiritualium et corporalium, qui sua omnipotente virtute] simuls ab initio temporum utramque de nihilo condicit creaturam spiritualem et corpo-*

Es muy bonito, pero demasiado vago: ¿qué día entre el primero y el quinto, puesto que el hombre llega el sexto? Cada hipótesis tiene sus paladines... y sus detractores.

EL PRIMER DÍA, DOMINGO
Dios crea el cielo, la tierra y la luz

A favor: Cosmas el Sirio (año 550). Los ángeles fueron creados el primer día, al principio de todo, al mismo tiempo que el cielo y la tierra. En la oscuridad se preguntaban, estupefactos, sobre su origen, hasta que Dios creó la luz. Entonces fueron iluminados, reconocieron a Dios y le adoraron.

A favor, pero más tarde ese mismo día: san Agustín. «Dios dice: "Hágase la luz y la luz se hizo." Es justo ver en esta luz la creación de los ángeles, porque con toda seguridad fueron hechos partícipes de la luz eterna que es la inmutable sabiduría de Dios misma.»[1]

En contra: El rabino Luliani bar Tabri: «Yo, Yaveh, hacedor de todo, que desplegué los cielos Yo solo; que extendí la tierra por Mí mismo.»[2]

Si los ángeles hubiesen estado ahí, habrían podido ayudar a Dios, ayuda que habría sido muy perjudicial para el monoteísmo. Por este motivo, en líneas generales, el judaísmo sostiene que los ángeles no fueron creados el primer día.

---

ralem, angelicam videlicet et mundanam; ac deinde humanam, quasi communem ex spiritu et corpore constituam.
1.   En *La ciudad de Dios* (XI, 2).
2.   Isaías (XLIV, 24).

EL SEGUNDO DÍA, LUNES
El firmamento separa las aguas

A favor: el rabino Yohanán (siglo III). «Los ángeles fueron creados el segundo día. Esto es lo que está escrito: "Construyes en las aguas tus altos aposentos."[1] También está escrito: "Haces de los vientos sus ángeles."»

A favor: el rabino Eliecer, que se apoya en el mismo versículo y lo explica: el segundo día, el Santo, bendito sea, creó el firmamento, los ángeles, el fuego de los seres de carne y de sangre y el fuego de la Gehena. Los ángeles fueron creados el segundo día; cuando son enviados como mensajeros de Su palabra, se mudan en vientos y cuando sirven en Su presencia, se transforman en fuegos, como está dicho: «Haces tus mensajeros a los vientos, tus ministros al fuego llameante.»[2]

A favor: Petrus Comestor o Perro el Comedor, que encuentra otra razón: «Aunque la obra de este segundo día era buena, como lo era la de los demás, sin embargo no se lee respecto a ese día: "Dios ve que esto era bueno." Los hebreos cuentan, en efecto, que ese día fue hecho el ángel que es el diablo, Satanael, es decir Lucifer. Los que tienen costumbre de cantar la misa de los ángeles el lunes, el segundo día, como en alabanza de los ángeles fieles, parecen darle la razón: el número 2 tiene mala fama en teología, porque es el primero en apartarse de la unidad. Y Dios es unidad, y detesta la división y la discordia.[3] Por eso la obra del segundo día sólo es alabada el tercero, considerado como su acabamiento.»[4]

1. Salmos (CIV, 3-4).
2. Salmos (CIV, 4).
3. Proverbios (VI, 19).
4. *Historia scholastica.*

EL TERCER DÍA, MARTES
La tierra reverdece, los árboles crecen

En contra: una tradición musulmana cree que el día durante el que Dios creó lo detestable es el martes.[1] Por lo tanto no los ángeles, que son impecables.[2]

De todos modos, nadie está a favor.

EL CUARTO DÍA, MIÉRCOLES
Los astros

A favor: los musulmanes. «Dios creó los ángeles el miércoles, los djinns el jueves y a Adán el viernes.»[3]

EL QUINTO DÍA, JUEVES
Los peces y los pájaros

A favor: el rabino Hanina (siglo III): «Los ángeles fueron creados el quinto día puesto que está escrito: "Y la gente alada vuela por encima de la tierra contra el firmamento del cielo." Y también está escrito (a propósito de los serafines): "Con dos alas, cada uno volaba."[4] Los ángeles con dos alas fueron creados al mismo tiempo que los pájaros.»

¿Quién lo sabe?

1. Tabari (XXIV, 95).
2. El islam no considera por regla general a Satán como un ángel. (Véase cap. IV).
3. Tabari (I, 83), bajo la autoridad de Ibn Anas.
4. Isaías (VI, 2): «Unos serafines se mantenían erguidos por cima de aquél, con seis alas cada uno; con dos cubríanse el rostro, con dos se cubrían los pies y con dos volaban.»

El sexto día, viernes, es el de la creación de los animales y del hombre, y el séptimo, sábado, «descansó y tomó respiro»,[1] —salvo entre los musulmanes, donde Dios no está nada fatigado.

En el Corán no existe descripción de la creación del mundo día a día, incluso aunque se suponga: «Vuestro Señor es Dios; creó los cielos y la tierra en seis días. A continuación se colocó en el Trono disponiendo la Orden.»[2] Pero es seguro que Alá no descansa jamás. Por eso el día de descanso del islam es el viernes, día de la creación del hombre, y no el sábado, *shabbat* entre los judíos que santifican así el día de descanso divino, de acuerdo con el Tercer Mandamiento. En cuanto a los cristianos han trasladado su *shabbat* del sábado al domingo, día de la resurrección de Cristo, de la creación del mundo y de la re-creación de la humanidad...

En nuestros días es frecuente ver en este relato del Génesis un entretenido cuento que habría abusado de la ingenuidad de nuestros antepasados, poco formados en el rigor científico. Pero no es así. Cuando leemos sus comentarios se nota que nunca se tomaron este texto al pie de la letra sino que lo vieron como la expresión de un misterio. Los fundamentalistas y otros «creacionistas», que son nuestros contemporáneos, les parecerían idiotas o ignorantes. En el siglo I, Filón de Alejandría, «explicaba el Génesis poco más o menos como los estoicos explicaban Homero: para ellos, la *Ilíada* y la *Odisea* eran alegorías profundas donde se encerraba la filosofía más alta».[3] Más tarde, cuando san Agustín (quien afirmaba que «la letra mata y el espíritu vivifica»[4]) dice que los ángeles fueron

1. Éxodo (XXXI, 17).
2. Corán (X, 3).
3. Émile Mâle, *L'Arte religieux du xiiie siècle en France* (libro IV, cap. 1).
4. San Ambrosio, citado por san Agustín en *Confesiones* (libro VI, cap. 4).

creados el primer día, explica que por ser llamado ese día
«uno» (dies unus) y no «primero», el segundo, el tercero y los
siguientes no son otros días, sino que ese día es el mismo día
único, repetido para formar el número seis o siete.

En el Corán, ciertos versículos cuentan que, a escala de
Dios, la duración de un día es de mil años,[1] y los ismaelitas
deducen de ello que en la creación hay que ver una sucesión
de seis fases o de seis ciclos. Para otros se trataría de una
imagen para hacer accesibles al hombre unas abstracciones
particularmente complejas cuyo punto de partida es el número 6, a un tiempo suma y producto de los tres primeros:
$(1 + 2 + 3) = (1 \times 2 \times 3) = 6$.

Algo más sorprendente todavía: existe incluso una tradición rabínica evolucionista antes de tiempo para explicar el
origen de los espíritus malignos; descenderían de la hiena
macho tras múltiples transformaciones: a los siete años la
hiena se convierte en murciélago, el murciélago en vampiro,
el vampiro en ortiga, la ortiga en espino-serpiente, y el espino-serpiente en demonio...[2] ¡Quince siglos antes de Darwin
por lo menos!

Sea como fuere, en las tres tradiciones, el ángel es una
criatura espiritual y anterior al hombre, hecho que le ha va-
lido a veces el título, por parte de los seres humanos, de «hermano mayor».

¿CÓMO?, ¿eh?

¿Hablan los ángeles? Y en caso afirmativo, ¿qué lengua?
En este punto, todos barren para casa. Los musulmanes

1. Corán (XXII, 47).
2. Baba Kamma (16 a). Citado por Julien Klener in *Démonologie
talmudique et ashkénaze*, coloquio de Lieja y de Lovaina la Nueva, 25-26
de noviembre de 1987.

creen que hablan el árabe, en virtud de una frase del profeta Mahoma: «Amad a los árabes por tres razones: porque yo soy árabe, porque la lengua del Corán es el árabe, y porque los discursos de los habitantes del Paraíso están en árabe.»[1] Y no sólo los ángeles del islam hablan el árabe; también lo escriben, y escribirlo es una de las múltiples tareas celestiales.

Los judíos y los primeros cristianos, entre ellos san Pablo, piensan que hablan hebreo. Como ellos. Salvo el ángel Gabriel, que habla 70 lenguas.[2] El número 70 simboliza en la Biblia a las «naciones», es decir los pueblos no judíos. Por lo tanto, Gabriel es perfectamente políglota. Pero es el único.

Una tradición judía posterior al nacimiento del cristianismo resulta más satisfactoria. Cuenta que, en el momento de la construcción de la torre de Babel, «el Santo, bendito sea, llamó a los setenta ángeles que rodean el trono de Su gloria y les dijo: "Venid, descendamos y confundamos las setenta naciones y las setenta lenguas." Asignó un ángel a cada nación, pero Israel fue su parte y su lote».[3] Así fue como, enseñado por un ángel, cada pueblo tuvo su escritura y su lengua, mientras el pueblo de Israel conservaba el hebreo original.

Esto explicaría que todos entiendan a los ángeles en su propia lengua. ¡Si el arcángel san Miguel se hubiese expresado en hebreo con Juana de Arco, que ni siquiera sabía leer ni escribir el francés, la guerra de los Cien Años aún duraría!

Nótese que, según santo Tomás, «Los ángeles no hablan, en sentido propio de esa palabra: se limitan a producir en el aire sonidos que son semejantes a las voces humanas».[4] Evidentemente.

---

1. Referido por At Tabanri.
2. Haguiga (16 a).
3. *Capítulos de Rabbí Eliezer*, cap. 24. Verdier.
4. *Suma teológica* (Q. 51, art. 3).

¿QUÉ? o el pan de los ángeles

¿Comen los ángeles? Y en caso afirmativo, ¿qué comen? ¿Hay algo que llevarse a la boca en los cielos?

El problema no parece de un nivel muy elevado, cierto, pero sin embargo se plantea. Porque, una vez más, las piezas dispersas en los textos sagrados permiten construir hermosos mecanos.

En efecto, cuando Moisés está en el desierto, mes y medio después de la salida de Egipto, el pueblo empieza a gritar que va a morirse de hambre. Y le dice Dios a Moisés: «He aquí que os voy a llover pan desde el cielo.»[1] Al día siguiente, después de evaporarse una capa de rocío: «¿Qué es? (...) La casa de Israel lo llamó con el nombre de maná, y era a modo de semilla de cilantro, blanco, y su sabor como de hojuela hecha con miel.»[2]

En hebreo, *man* quiere decir «¿qué?». Los hebreos se alimentarán de preguntas hasta su llegada al país de Canaán. En un salmo que evoca este episodio, el maná es calificado de «celeste trigo» y de «pan de los ángeles» o «pan de los Fuertes».[3]

¿Supone esto decir que se trata del alimento de los ángeles?

Es lo que pensaba Rabbí Aqiba en el siglo II. Pero rápidamente se encontró contra las cuerdas porque Rabbí Ismael le replicó que los ángeles no comían pan porque, durante los cuarenta días que pasó en la montaña con Dios, Moisés no había comido ni bebido.

En presencia de Dios no se tiene ni hambre ni sed.

Y los ángeles están en presencia de Dios, por lo tanto no comen...

1. Éxodo (XVI, 4). También el Corán (II, 57) habla del asunto.
2. Éxodo (XVI, 14-15, 31).
3. Salmos (LXXVIII, 24-25).

A este respecto, no ha sido preciso esperar al positivismo para que los propios creyentes busquen una explicación natural al milagro de ese pan caído del cielo. En el siglo III, los monjes de Santa Catalina, en el Sinaí, explicaban que ese maná provendría, de hecho, de las picaduras que hacen las cochinillas en los tamariscos para extraer la savia. Fabrican así una especie de miel que fluye desde las ramas y se solidifica en las noches frías de las montañas al sur del Neguev. Los años lluviosos, los beduinos recogen este sucedáneo de miel rico en hidratos de carbono para comerlo. También lo llaman *man*.[1]

Entonces ¿en qué quedamos? ¡Los buenos monjes no por ello arrojaron sus sayales a los espinos! Para ellos, *bis repetita*, los textos tenían distintos niveles de lectura, y el sentido literal era desde luego el más bajo.

Vuelta a los ángeles y a sus tentempiés. Si no es cierto que los ángeles coman el maná, en cambio, según la tradición, son ellos, celestiales panaderos, quienes lo moldean... Se le llama el «pan de los ángeles» porque lo hacen, y el «pan de los Fuertes» porque los hombres que lo comen se vuelven tan fuertes como ellos. Después de haberlo digerido, tampoco necesitan ir a un rincón apartado, cosa muy práctica en el desierto: «¡Como los ángeles, no tienen el uso de ano!»[2]

En el principio de los tiempos, los ángeles añadían a su función de panaderos las de cocineros y sumilleres, porque, antes de su caída, «los ángeles asaban para Adán la carne y le filtraban el vino».[3] Asimismo, mucho más tarde, cuando san Diego de Alcántara, pobre franciscano, cayó en éxtasis justo en el momento en que debía preparar la comida de sus hermanos monjes, unos ángeles acudieron amablemente a sus-

1.   Según el *Diccionario enciclopédico del judaísmo*, Bouquins, Laffont.
2.   Éxodo Rabba (25, 3).
3.   Sanedrín (59 b).

tituirle en esa tarea. Las personas que lo duden pueden ir al museo del Louvre donde verán el cuadro de Murillo, *La cocina de los ángeles*, que ilustra ese milagro.

Por otro lado, en la comida preparada por la Sabiduría[1] (de Dios), hay pan y vino. Para los judíos, el «pan designa la ley escrita, y la ley oral, que encierran cosas mucho más preciosas que todos los platos deliciosos del mundo».[2] Cuando Cristo dice, refiriéndose al maná: «Yo soy el pan de la vida; el que viene a mí no pasará hambre, y el que cree en mí nunca tendrá sed»,[3] se sitúa como palabra viva y nutriente de Dios, «pan vivo bajado del Cielo». Los católicos y los ortodoxos llaman por tanto a las hostias consagradas, que son el cuerpo de Cristo bajo apariencia de pan en la Eucaristía, el «verdadero pan de los ángeles».

En cuanto a los ángeles, a pesar de que hacen el pan, no comen. Esto les crea un verdadero problema de régimen cuando se dirigen de incógnito a la tierra en forma humana para realizar alguna secreta misión divina. Testigo: el ángel de Dios que visita a la esposa de Manóah, estéril, para anunciarle que será madre de un hijo peludo, el futuro Sansón. En su segunda visita, como es natural entre humanos bien educados: «Respondió el Ángel de Yaveh a Manóah:

»—¡Permite te retengamos y preparemos un cabrito que servirte!

»Mas el ángel de Yaveh contestó a Manóah:

»—Aunque me retuvieras no comería de tu manjar. Pero si quieres ofrecer un holocausto[4] a Yaveh, ofréceselo.»[5]

1.　Proverbios (IX, 5).
2.　Zohar (III, 271, b).
3.　Juan (VI, 35).
4.　Holocausto: sacrificio ofrecido a Dios en el que se quemaba a la víctima. Emplear este término para designar el exterminio de los judíos durante la Segunda Guerra Mundial es una aberración blasfema: eso supondría que ese exterminio fue agradable a Dios.
5.　Jueces (XIII, 15-16)

Y el ángel de Yaveh desapareció sencillamente en la llama del sacrificio.

¡Esta especie de brutal salida de escena te quema en el acto la mejor de las mantas! Del mismo modo, el ángel de Dios que va a ver a Gedeón había encendido con la punta de su bastón el sacrificio preparado por éste... Los ángeles son de fuego y el fuego consume (consuma) el fuego. Según la descripción de san Justino (contemporáneo de Rabbí Aqiba): «Los ángeles no tienen como nosotros dientes y mandíbulas: absorben los alimentos devorándolos, lo mismo que el fuego devora el combustible...»[1]

Sin embargo, en la Biblia existe una comida angelical muy célebre que planteó muchos problemas a los comentaristas. La que ofrece Abraham a los tres ángeles que van a visitarle a la Encina de Mambré. Porque Abraham «tomó cuajada y leche y el ternero que había aderezado, y lo presentó ante ellos, y mientras él se mantenía en pie junto a ellos debajo del árbol, éstos comían».[2] Está escrito. Pero es imposible que lo hayan hecho, en primer lugar porque un ángel no come, en segundo lugar porque ese alimento, que mezcla el becerro a la leche de su madre, no estaba permitido. Incluso si la Ley no fue revelada sino mucho más tarde a Moisés, ya existía antes y se sobreentiende claramente, en la tradición judía, que los patriarcas la observaban —¡y con mayor motivo los ángeles!

Pero es asimismo imposible que el texto mienta, por lo tanto o bien ese «ellos» concierne a Abraham y familia y no a los ángeles, o bien los ángeles hicieron ademán de comer. Los exégetas se han quedado la mayoría de las veces con esta última solución; se basan para ello en un ejemplo más tardío, el de Rafael en el Libro de Tobías que confiesa: «Veíais que no

1. En *Diálogo con Trifón*.
2. Génesis (XVIII, 8).

comía nada sino que teníais ante los ojos una visión.»[1] Adoptando antes de tiempo el principio de san Ambrosio, «en Roma, haz lo que hagan los romanos», cuando asumen la forma humana para cumplir una misión en la tierra, los ángeles hacen lo mismo que los humanos. Según Filón, semejante actitud es, de su parte, simbólica y cortés a un tiempo. Santo Tomás llama a esto la «manducación espiritual».

En el Corán, el problema de esa problemática comida queda resuelto de forma radical: Abraham ofrece a los ángeles un becerro asado sin cuajo ni leche, es decir alimento permitido, pero «cuando vio que sus manos no se acercaban a la comida, los reprobó y se llenó de terror».[2] Precisamente para Abraham, el hecho de que no coman es indicio de que sus huéspedes son ángeles. Éstos le tranquilizan enseguida: «No te asustes, le dijeron, porque hemos sido enviados al pueblo de Loth.» Hablando en plata: es Sodoma la que tiene buenos motivos para preocuparse...

En los cielos, los ángeles no comen. Pero de todos modos se alimentan. Siguiendo a Rabbí Isaac, los rabinos citan el salmo: «Sus ministros son un fuego llameante.»[3] Este fuego angélico es alimentado por el esplendor resplandeciente de la presencia de Dios, porque está escrito: «En la luz del rostro del rey está la vida.»

Pero no todos están tan cerca de Dios. Los ángeles no habitan juntos en el mismo piso. Para los que se alojan cerca de la planta baja, «su alimentación consiste en *Torá*[4] y en buenas obras hechas en el mundo inferior»,[5] es decir que si los hijos de Israel dejaban de estudiar la palabra de Dios y de

1.   Tobías (XII, 9).
2.   Corán (XI, 69-70).
3.   Salmos (CIV, 4).
4.   O *Pentateuco*: los cinco primeros libros de la Biblia, atribuidos a Moisés.
5.   Maggid del «Bet Yossef».

realizar buenas obras, esos ángeles serían privados de alimento.

El Zohar[1] cuenta en efecto la extraña vida de los ángeles intermitentes. Situados en la segunda residencia, por lo tanto no muy arriba (en lo Alto hay siete residencias), estos ángeles encargados de luchar contra las malas inclinaciones de los hombres «se nutren del aroma y del perfume de Abajo a fin de elevarse en su ascensión para ser más luminosos. Empiezan a entonar un cántico, pero deben interrumpirlo para ponerse en marcha de nuevo, permaneciendo invisibles hasta que los hijos de Israel entonen a su vez un cántico que vuelva a darles consistencia y les permita manifestarse iluminando más. Cuando los hijos de Israel estudian la Torá, esos ángeles echan a volar para ir a testimoniar en lo Alto»...[2] ¡Es la plegaria de los hombres lo que recarga sus pilas!

Para los musulmanes, es su propia plegaria la que alimenta a los ángeles: «Exaltarle es su alimento, santificarle su bebida, invocarle por Sus hermosos nombres y Sus atributos su ocupación favorita, adorarle su alegría.»[3] Estos platos angélicos llevan el mismo nombre: «El *Tesbih* (alabanza a Dios) y el *Takdiss* (gloria a la santidad de Dios) forman el alimento de los ángeles.»[4]

Se comprende mejor que en el siglo XVIII, cuando el luterano sueco Swedenborg, tras una buena comida, vio aparecer un ángel luminoso, la primera palabra que el ángel le habría dirigido fue: «¡No comas tanto!»

1. O *Libro del esplendor*, obra fundamental de la mística judía, del siglo XIII.

2. En *Tratado de los palacios*, Zohar, tomo 1, Verdier.

3. Qazwini.

4. Dicho por Al Hakem según Ibn Omar.

¿CUÁNTOS ángeles hay?

También en este punto es inútil esperar una respuesta precisa en la Biblia.

Según los talmudistas más antiguos, el número de ángeles es infinito. Cada legión de ángeles está formada por mil veces mil ángeles, o sea un millón, pero se ignoran cuántas legiones hay... Para dar un ejemplo preciso, en el monte Sinaí Dios se apareció con 22.000 legiones de ángeles.[1]

A menudo se emplea en su lugar el término «miríada», que significa diez mil en griego, pero que simboliza ante todo una cantidad innumerable. «Los carros de Elohim se cuentan por miríadas, millares de arcángeles»,[2] dice el salmo. «Miles de millares le servían y miríadas y miríadas estaban de pie ante él»,[3] según Daniel. «Y su número era miríadas de miríadas y millares de millares»,[4] según san Juan.

¿Cuántas? 496.000 miríadas, según ciertos comentaristas, 499.000 según otro, lo cual nos haría pensar en una población de ángeles de medio millón de individuos. El número avanzado por los kabalistas del siglo XIV (301.655.722) sólo afecta evidentemente a los ángeles que vienen a la tierra —es decir a una ínfima minoría de la población celeste—. Y además hay que considerarla como una estimación provisional y ampliamente superada en la actualidad, porque, según el pensamiento judío, la creación no ha terminado, y Dios puede seguir fabricando ángeles todos los días si eso Le apetece. Y por eso cantan: «Cada día el Altísimo crea una clase de ángeles que recitan en su presencia un cántico y se marchan.»[5]

¿Cómo realizar un cálculo angélico? Entre los judíos,

1. Rabbí Abdimi.
2. Salmos (LXVIII, 18).
3. Daniel (VII, 10).
4. Apocalipsis (V, 11).
5. Berechith Rabba (78).

gracias al juego de cifras y de letras; en el alfabeto hebraico, que tiene veintidós letras, cada letra es también un número: las nueve primeras letras corresponden a las cifras de 1 a 9; las nueve siguientes a las decenas, de 10 a 90; las cuatro últimas cuentan como 100, 200, 300 y 400. Luego basta con buscar un pasaje explícito. Por ejemplo, se puede «medir» la estatura de Dios[1] a partir de un versículo de un salmo de David: «Grande es Yaveh y su grandeza es insondable»,[2] deduciendo que la grandeza del Señor es igual al valor numérico de «insondable», en hebreo *verav koah*, es decir 236.000 parasangas.[3] Redondeando la parasanga en cinco kilómetros, que es poco más o menos su valor, Dios tendría por lo tanto 1.180.000 kilómetros de alto...

Es tanto más grande cuanto que los comentaristas se apresuran a añadir que la medida de una parasanga de Dios es de tres millas, que una milla tiene diez mil metros, un metro tres empanes, y un empán divino contiene el mundo entero, porque «Él ha medido el cielo con un empán»... En resumen, se trata menos de medir a Dios, cosa imposible, que de amodorrarse haciéndose una idea de su vertiginoso universo: «Para Su grandeza, no hay medida», añade además el mismo versículo del rey David...

Para los cristianos, la creación se detuvo al final del sexto día. Por lo tanto, el número de ángeles es finito. Pero también inimaginable. San Cirilo de Jerusalén explica que el espacio ocupado por los seres es un medio de evaluar su número. Pero la tierra, dice Cirilo no es más que un grano de polvo si lo comparamos con la inmensa esfera de los cielos que la envuelve. Como los cielos están llenos de ángeles,

1. En *Hekhaloth Zutarti*.
2. Salmos (CXLV, 3).
3. Medida bíblico-coránica. (Entre la traducción bíblica española y la francesa hay una desviación de significado: «grandeza» equivale a tamaño.)

debemos admitir que éstos forman una multitud incalculable. Sobre todo porque más allá de los cielos se encuentran los cielos de los cielos, que también están habitados... Cirilo concluye que el número de ángeles supera cualquier idea.

En cuanto a san Hilario y san Ambrosio, según ellos hay una iluminación numérica en la célebre parábola sobre la oveja perdida:

«¿Quién de vosotros, que tiene cien ovejas y pierde una de ellas, no deja las noventa y nueve en el desierto y va tras la que se perdió hasta que la encuentra? Y cuando la encuentra se la pone sobre los hombros, alegre, y cuando llega a casa convoca a los amigos y a los vecinos, para decirles: "Alegraos conmigo, porque encontré a mi oveja perdida." Os digo que lo mismo habrá más alegría en el cielo por un pecador que se arrepiente, que por noventa y nueve justos que no tienen necesidad de arrepentimiento.»[1]

Para ellos, los ángeles son las noventa y nueve ovejas fieles, y el género humano la oveja perdida. Los ángeles serían por tanto noventa y nueve veces más numerosos que los hombres. Noventa y nueve veces más que todos los hombres nacidos, vivos y por nacer en la tierra —cosa que no resulta fácil de resumir en cifras...

Los cristianos también pueden calcular el número de ángeles a partir del número de demonios, considerados por ellos como ángeles caídos, sabiendo, según el Apocalipsis, que los ángeles cayeron en la proporción de uno a tres.[2] Pero los demonólogos, que vemos prosperar no en la Edad Media, como a menudo se cree, sino a principios del Renacimiento, período fasto en la creación de brujas, sí cuentan los demonios. Jean Wier, médico del duque de Borgoña, contó

---

1. Lucas (XV, 4-7).
2. Y la cola del Dragón «barrió la tercera parte de las estrellas del cielo y las lanzó a la tierra». Apocalipsis (XII, 4). El texto designa al Dragón como el diablo, y las estrellas son sus ángeles.

7.459.126. En el siglo xv, al cardenal-arzobispo de Túsculo le salen 133.306.668. Número que hay que doblar para obtener el de los ángeles, es decir: 266.613.336. En un siglo, el cardenal acusa un déficit de ángeles de 35.042.386 en comparación con los judíos de la Kábala... ¿Dónde han ido a parar?

Repitamos una vez más que, en los textos, el valor de las cifras es simbólico y esos cálculos presuntamente sabios sólo pretenden dejar a un lado el vértigo. Su precisión figurada pone a la imaginación en condiciones de imaginar lo inimaginable.

En el Corán, los ángeles van más bien por millares: «Yo os auxiliaré con mil ángeles que se sucederán ininterrumpidamente», «os auxilié con tres mil ángeles», «cinco mil»[1] luego... Lo cual permite entender que su número es grande pero indeterminado. «Para dar una noción, en el cielo, hay una mezquita, y desde la creación del universo 70.000 ángeles van a celebrar allí su oficio de plegarias todos los días y no vuelven nunca más. Por lo tanto, cada día 70.000 nuevos ángeles se dirigen a esa mezquita para su oficio.»[2] ¿Cuántos años ya, desde el big-bang, multiplicado por 365, multiplicado por 70.000? Supera nuestro entendimiento. Baste saber que, cuando un hombre acaba completamente la lectura del Corán, se dice que 60.000 ángeles van a rezar volando por encima de él... Eso ya no está tan mal.

En resumen, todo el mundo está de acuerdo: «Nadie a no ser Él, conoce los ejércitos de tu Señor.»[3]

1. El Corán (VIII, 9; III, 124; III, 125).
2. Muhammad Hamidullah, *Las nociones islámicas sobre el ángel.*
3. Corán (LXXIV, 34).

¿POR QUÉ tantos ángeles?

Dejemos la conclusión, una vez más, a santo Tomás de Aquino, el «doctor angélico»: «Así pues, hay que decir que la multitud de ángeles, sustancias inmateriales, supera con creces cualquier multitud material.» Es lo que dice Dionisio: «Los ejércitos bienaventurados de los espíritus celestes son numerosos, superando el límite débil y restringido de nuestros números materiales.»[1] En efecto, como la creación divina tiene por objetivo principal la perfección del universo, cuanto más perfectos son los seres, en mayor abundancia los ha creado Dios.[2]

Este luminoso razonamiento también permite comprender por qué los hombres son más numerosos que los teckels de pelo duro —¡y también permite que nos felicitemos por ello!

1.   Dionisio el Areopagita, *La Jerarquía celeste* (XIV, 1).
2.   *Suma teológica* (Q. 50, 3).

CAPÍTULO

III

*Donde se observa que una falsa anécdota
esconde una historia verdadera.*

*Donde se siguen las picantes aventuras
de dos ángeles extraños que,
abandonando los cielos para seducir mujeres,
sembraron la desolación sobre la tierra antes del diluvio,
y lo que luego les ocurrió,
así como a sus hijos gigantes.*

*Donde empiezan las preguntas
sobre el problema del mal.*

El sexo de los ángeles

¿Un asunto picante?

En cualquier caso, no es nuevo.

Se remonta a los primeros días de abril de 1453, cuando el sultán Mehmet II apareció delante de Constantinopla al frente de un ejército de trescientos mil turcos, seguido por una flota de cuatrocientos navíos. En la ciudad, el emperador bizantino Constantino XII sólo dispone de diez mil hombres de guarnición para la defensa. En cuanto a la población, en lugar de unirse contra el enemigo de fuera, se pelean entre sí en grandes discusiones. Y el tema de su controversia es demasiado seductor como para dejarse distraer por la actualidad, aunque sea amenazadora: mientras los asedian, los señores bizantinos discuten del sexo de los ángeles...

Hasta el punto de que Constantinopla caerá como una fruta madura en manos de los turcos, a la una de la madrugada, el 29 de mayo de 1453; y hasta el punto de que Mehmet, en señal de triunfo, enviará la cabeza del emperador Constantino, embalsamada, a las distintas ciudades de su nuevo imperio.

La anécdota es de sobra conocida. Todos sus extremos son ciertos, salvo, desgraciadamente, aquello por lo que es célebre: los habitantes de Constantinopla discutían insultándose, cierto, con silogismos tallados a cincel y argucias teológicas, pero a propósito de una eventual unión con el papa de Roma. Lo cual no impide que esa «querella bizantina» haya pasado al lenguaje corriente. «Discutir del sexo de los ángeles» significa enhilar perlas o, más claramente aún, papar moscas.

Porque, siendo los ángeles espíritus, y espíritus puros, ¿en qué podrían poner un sexo? Desde el segundo Concilio de Nicea (787), el catolicismo enseña que los ángeles no tienen cuerpo. Y el Corán es riguroso: los ángeles no tienen ningún atributo del sexo masculino o del sexo femenino.[1]

Sin embargo, hay un verdadero caso del sexo de los ángeles.

No por la iluminación repentina de un místico-dingo, ni de la alucinación psicodélica de algún gurú bronceado que digeriría mal su tortilla de champiñones, sino por la Biblia misma.

Así empieza, en efecto, el capítulo VI del Génesis, primer libro de la Biblia. La acción se sitúa justo antes del diluvio: «Ahora bien, sucedió que comenzaron los hombres a multiplicarse sobre la superficie del suelo y les nacieron hijas; y observando los hijos de Dios que las hijas del hombre eran bellas, se procuraron esposas de entre todas las que más les placieron.»

Ahora bien, esos «hijos de Dios» (Benê Elohim, en hebreo) son los ángeles. En el Libro de Job o en los Salmos, la Biblia nunca emplea esa expresión en otro sentido. En cuanto a la expresión «se procuraron esposas», es muy clara. Por lo demás, el resultado no se hace esperar: «Existían por aquel tiempo en la tierra los gigantes, e incluso después de esto, cuando los hijos de Dios se llegaban a las hijas del hombre y les engendraron hijos, que son los héroes, desde antaño varones renombrados.»

Nephilim significa «los que han caído», que según los exégetas, y dada la construcción de la frase, son o bien los ángeles caídos del cielo, o bien los hijos gigantes que tuvieron con las hijas de los hombres; encontramos esta pala-

1. Corán (XLIII, 19).

bra en el libro de los Números: «los gigantes descendientes de Anaq, de raza de gigantes».[1]

La Biblia tampoco lo dice, para desesperación de nuestro pobre Mr. Chatterton.

Para encontrar detalles hay que remitirse al *Libro de Enoc*, manuscrito judío apócrifo que data del siglo II a.C., y primer documento conocido sobre la caída de los ángeles. Este libro se presenta como un «relato encontrado» del patriarca Enoc, séptimo hombre después de Adán, tatarabuelo de Noé, y padre del célebre Matusalén, que contrariamente a su hijo, muerto a los 969 años, no murió del todo, sino que desapareció en la flor de la edad —para un patriarca (¡365 años!)—, «pues Elohim le tomó consigo»,[2] dice la Biblia. El *Libro de Enoc* cuenta por tanto los encuentros que tuvo en el más allá.

Es de este libro apócrifo, porque se considera que fue escrito por ese patriarca antediluviano en persona, el pseudo Enoc, como hoy le llaman los comentaristas, de donde procede la mayor parte de la angelología judía, lo mismo que la angelología cristiana deriva de un pseudo Dionisio el Areopagita que atribuye su texto a un santo personaje desaparecido unos siglos antes de la publicación de sus obras. Los verdaderos autores de estos libros no eran crápulas, ponían simplemente su prosa bajo el nombre de una autoridad indiscutible, dado que se remitía gloriosamente a Dios, a fin de darle más peso.

¿Qué cuenta este pseudo Enoc? La primerísima versión escrita de la caída de los ángeles:

«Ocurrió que cuando los humanos se hubieron multiplicado, les nacieron hijas frescas y hermosas. Los ángeles, hijos del cielo, las miraron y las desearon. Se dijeron el uno al otro: "Vamos a escoger mujeres entre los humanos y engen-

1. Números (XIII, 33).
2. Génesis (V, 24).

dremos hijos."[1] Y partieron, bajo la dirección de su jefe She-mêhaza, en número de doscientos. Tomaron esposa, una cada uno, no exageremos, y les enseñan "las drogas, los encantos, la botánica".» En resumen, toda clase de magias infames. En cuanto a Azazel, enseña a los hombres a fabricar armas para matarse entre sí, y alhajas para agradar a las damas. Más «el afeite de los párpados, toda clase de piedras preciosas y los tintes. De donde resultó una gran impiedad».[2] La tierra se cubre entonces de vicios y de crímenes, sobre todo porque las mujeres de los ángeles empiezan a dar a luz gigantes «de tres mil codos de alto», que devoran «todo fruto del trabajo de los hombres», muchos animales y finalmente a los hombres mismos, cuando no se devoran entre sí...

«Cuando los hombres perecían en la tierra, se alzó un clamor hasta los cielos.» Desde arriba, los arcángeles Miguel, Uriel, Rafael y Gabriel, se asoman, ven la carnicería y van a defender la causa de los hombres ante Dios. Y Dios arregla el asunto: envía a Uriel para que prevenga a Noé de la inminencia del diluvio y para enseñarle los medios de sobre-vivir; Rafael encadena a Azazel en el desierto; Gabriel hace desaparecer a los gigantes que combatirán contra ellos hasta la muerte; y Miguel encadena a Shemêhaza y a sus esbirros hasta el juicio final.

El *Libro de Enoc* sintetiza diferentes versiones de una historia que corría de boca en boca en la tradición judía, y que no había terminado de correr.

Según esa historia, los ángeles descienden a la tierra movidos por el deseo y por el deseo de engendrar, cosas ambas naturalmente imposibles para ellos.

Según un *midrash* (comentario rabínico) del siglo IX,[3] fue

---

1. I Enoc (VI, 1-2).
2. I Enoc (VIII, 1-2).
3. Pirqé de Rabbí Eliezer, Verdier.

por concupiscencia pura y simple. Pero si el deseo de los ángeles se vio despertado así de forma tan repentina, fue porque aquellas damas tenían gancho: ¡paseaban desnudas! Porque estas *Benoth-hââdam*, estas hijas del hombre, eran sobre todo las de Caín, el fratricida (que, de pasada, sería también hijo de Eva y de la serpiente),[1] padre de una generación de malvados que «andaban con la carne completamente desnuda, hombres y mujeres, como los animales». Estas malas mujeres, esposas de los ángeles, parían cada vez seis niños que, desde su nacimiento, se sostenían sobre sus piernas y bailaban. Cuando Noé fue a advertir a los gigantes que dejasen de hacer tonterías, porque Dios amenazaba con inundar todo el mundo con un diluvio, se echaron a reír: no sabían nadar, pero les bastaba con subir a una colina para que su cabeza sobrepasase las montañas. No habrían debido burlarse: para librarse de ellos, Dios mandó calentar las aguas del diluvio, y los gigantes murieron hervidos...

En otra versión,[2] tardía, Shemêhaza y Azazel quieren bajar a tierra para demostrar que los ángeles son mejores que los humanos. Dios lo pone en duda. Pero ellos insisten y Le repiten que santificarán Su nombre en la tierra y que si estuviesen en el lugar de los hombres, en las mismas condiciones, se comportarían mucho mejor que ellos: ¡auténticos ángeles! Finalmente Dios les deja marchar bajo una apariencia humana. Shemêhaza se enamora entonces de una mujer, Isthar. Para seducirla, le confiesa que es un ángel, y que Dios le ha enseñado una palabra milagrosa para subir inmediatamente al

1. Esta tradición se basa en un versículo del Génesis (III, 13), donde Eva dice a Dios a propósito de la serpiente: «La serpiente me sedujo.» En hebreo: *Ishiani*, término que también puede querer decir: «Ha puesto en mí su semilla.» La maldad de Caín, asesino de su hermano Abel el Justo, se explicaría por esta filiación diabólica.

2. *Tseenah Urrenah*, «Comentario sobre la Torá», de Jacob ben Isaac Ashkenazi de Janow, Verdier.

cielo. Curiosa, Isthar quiere conocer ese nombre (el del mismo Dios). Shemêhaza se lo enseña mediante enigmas, como un jeroglífico, sin pronunciarlo, pero Isthar, una mentecata, lo repite en voz alta y acto seguido se encuentra en el cielo. A modo de recompensa, porque ha muerto sin haber pecado, Dios la sitúa entre las siete estrellas de la Pléyade a fin de que siempre se acuerden de ella.

Shemêhaza y Azazel imparten enseñanzas desde luego sobre el maquillaje a las mujeres, y sobre el arte de fabricar armas a los hombres. Se casan y engendran dos hijos gigantes: Hiwa y Hiyya; cada uno de ellos come mil camellos, mil bueyes y mil caballos al día. Cuando el ángel Metratrón viene a anunciarles el diluvio, Shemêhaza queda desolado: ¿qué podrán comer sus pequeños gigantes si toda la tierra se cubre de agua?

Hiwa y Hiyya tienen entonces un sueño: el uno ve un tronco sólido, del que se alzan cuatro ramas, y el otro cuatro nombres grabados en la tierra. Shemêhaza interpreta: las cuatro ramas y los cuatro nombres son los cuatro hombres que van a sobrevivir al diluvio, Noé y sus tres hijos, Sem, Cam y Jafet. Los gigantes se echan entonces a llorar: ¿significa su sueño que van a desaparecer por siempre? Para consolarlos, el ángel Shemêhaza les dice: «Vuestros nombres no desaparecerán de la boca de las gentes: cuando un hombre corte leña, levante pesadas piedras, impulse una barca o conduzca un carro de caballos o de bueyes, dirá: "¡Hiwa, Hiyya, Hiwa, Hiyya!"»[1] —equivalente hebraico de nuestro «¡So, arre! ¡So, arre!»...

Shemêhaza comprende la amplitud de su falta y se arrepiente: se suspende entre el cielo y la tierra, con la cabeza abajo y los pies arriba; en la actualidad sigue ocupando ese sitio. En cuanto a Azazel, persiste en el pecado, y continúa seduciendo a los hombres con los adornos de las mujeres.

1. Id. *en* lección «Noah».

Habita en el desierto donde en los tiempos bíblicos, el día del Gran Perdón, le enviaban un chivo cargado con todos los pecados de Israel: el famoso chivo expiatorio.

En estas tres variantes sobre la caída de los ángeles, se trata de explicar, por primera vez, el origen del mal. Dado que Dios es bueno, no ha creado el mal; pero el mal existe: ¿cómo? No es desde luego la progenitura monstruosa de los ángeles lo que cuenta (consecuencia lógica de la unión contra natura de dos especies distintas), esa progenitura será engullida junto con la humanidad corrompida en las aguas del diluvio, sino más bien todas las infamias que esos ángeles perversos enseñan: a los hombres el arte de la guerra, a las mujeres el de la seducción por el maquillaje. Según la galante expresión de san Cipriano en el siglo III: «Los ángeles enseñaron a las mujeres a hacer desaparecer cualquier verdad de su rostro y de su cabeza»…

Si el hombre hace el mal es porque su hermano mayor angélico se lo ha soplado, como la serpiente sopló a Eva la idea de comer el fruto prohibido. De ahí la misericordia infinita de Dios con los hombres, que nunca son totalmente responsables de sus actos: en el mal es el ángel el primer culpable por siempre jamás.

Pero ¿por qué cayó el ángel?

Hay tres explicaciones posibles en principio: la concupiscencia, el deseo de engendrar o la vanidad. En resumen, de tres casos, dos son una cuestión de sexo…

Lo cierto es que los primeros cristianos, que eran judíos, conocían esta historia de la caída de los ángeles. Tenemos la prueba en san Pablo, antiguo alumno del Rabbán Gamaliel: en su primera Epístola a los Corintios, explica que las mujeres, cuando la comunidad se reúne para rezar, deben llevar un velo sobre la cabeza, en señal de sometimiento a su marido, cierto, pero también «a causa de los ángeles…».[1] Se trata de

----

1. I Corintios (XI, 10).

no correr el riesgo de seducirlos con una melena larga, así es al menos como la mayoría de los primeros Padres de la Iglesia, hasta el siglo IV, van a entenderlo. San Justino, en el siglo II, explica que los ángeles caídos, «los demonios, haciéndose pasar por dioses, cometieron toda suerte de impudicias y aterrorizaron a la humanidad». Clemente de Alejandría habla de su voluptuosidad y Tertuliano los trata de *desertores Dei, amatores feminarum:* desertores de Dios, y amadores de mujeres...[1]

Estos primeros Padres tienen muchos problemas con el *Libro de Enoc* que no figura ni entre los libros que forman la Biblia de los hebreos ni, por supuesto, en la suya. Por lo tanto no deberían tenerlo en cuenta. Excepto que san Judas lo cita (por otro motivo) en su epístola, y excepto que ese texto de Judas figura en la Biblia cristiana... San Jerónimo clasifica a Enoc entre los apócrifos reconociendo sin embargo que no todo lo que dice ese libro es despreciable, «pero se precisa una gran prudencia para buscar el oro entre el fango».

Así pues, los Padres van a dedicarse a buscarlo manteniendo la creencia tradicional judía en una caída primitiva de los ángeles, y considerando ese *Libro de Enoc* como su versión mitológica.

No obstante, en el siglo IV san Cesáreo va a defender otra interpretación del pasaje original del Génesis, presentada por Julio el Africano en el siglo III. Los «hijos de Dios» que encontraron a las «hijas del hombre» de su gusto no serían ángeles, sino los descendientes de Set, el amable hijo que Adán tuvo tras la muerte de Abel el Justo. En cuanto a las «hijas del hombre», serían descendientes de Caín, el fratricida, el hijo malvado de Adán. Eran hermosas, según se desprende de los nombres que llevan en el Génesis[2] —Adah: «belleza», Sillaha: «la morena»; Na'amah: «la graciosa»... Por lo que se

1. Tertuliano, *De Idolatria*, IX.
2. Génesis (IV, 19-22).

refiere a los gigantes, ya existían antes, cosa que por lo demás dice el texto: son los hijos de Caín, los herreros, los que construyeron la torre de Babel.

A principios del siglo v, san Agustín se muestra conforme con esta versión, y san Cirilo de Alejandría no vacila en calificar francamente de imbéciles a quienes pudiesen figurarse otra cosa. Más tarde, los cristianos apenas volverán sobre esta historia, Enoc pasará de moda, y santo Tomás, volviendo sobre el tema a través de la interpretación de san Agustín,[1] se encontrará con otro apócrifo que roer.

Podría pensarse que el asunto quedaba cerrado; no lo está en absoluto.

Las aventuras de Shemêhaza y de Azazel no se detienen ahí; porque nuestros dos barbianes van a conseguir infiltrarse, con otra identidad, en el siglo vii en el Corán, donde los encontramos en el versículo 102 de la segunda azora:

«Los demonios enseñan a los hombres la brujería así como los secretos confiados a los dos ángeles Harut y Marut en Babilonia. (...) La gente aprendía de los dos ángeles lo que siembra la división entre marido y mujer. Se iniciaba en lo que podía serle útil, pero amenazaba con resultarles nocivo. Sabían sin embargo que quien adquiere ese poder no tendrá parte alguna de felicidad en la vida futura.»

¿Este texto no recuerda nada? El Corán no dice más. Pero la tradición es muy habladora. En líneas generales, se presenta del siguiente modo:

Desde lo alto del cielo, los ángeles contemplan a los hombres, y encuentran que se portan muy mal. No pueden dejar de despotricar contra estas criaturas lamentables y pecadoras. Dios los escucha, y los reta, puestos en las mismas condiciones que los hombres, a portarse mejor que ellos. Los ángeles aceptan el reto y delegan a dos, Harut y Marut, como representantes en

1. *Suma teológica* (Q. 51, art. 3).

la tierra con la misión de evitar los pecados graves: la idolatría, la fornicación, el crimen y el uso del vino. Pero una vez llegados, Harut y Marut se enamoran inmediatamente de una mujer bellísima, Zohra, que se les escapa porque Dios la transforma en la estrella Venus. Tras unas cuantas libaciones, son pillados in fraganti cuando otra mujer está concediéndoles sus favores, y no vacilan en matar al testigo de su falta. Tras este arranque, Harut y Marut siguen cometiendo todos los pecados posibles; también enseñan astrología...

Desde lo Alto, Dios muestra a los ángeles que se han quedado en el cielo la lamentable conducta de sus congéneres, y los ángeles no pueden hacer otra cosa que darle la razón. A Harut y a Marut no les queda sino elegir el lugar de su castigo: ¿en la tierra o directamente en el infierno? Eligen quedarse en el lugar de sus crímenes, y luego permanecen colgados de los pies en un pozo de Babilonia, donde continuamente son atormentados. Su descendencia no está formada por gigantes, sino por esos «héroes del tiempo pasado» de que hablaba el Génesis y que son, para los musulmanes, los habitantes legendarios de la Meca a la llegada de Ismael, la reina de Saba (*Balqis*) y Alejandro el Grande (*Dhu-l-Qarmayn*).

Son flagrantes las semejanzas con la tercera versión judía de los acontecimientos. Las diferencias también son reveladoras: en el caso de Harut y Marut es el propio Dios quien pone a los ángeles a prueba y de quien sale la iniciativa de la prueba: descienden a tierra por orden Suya. Un ángel musulmán no desobedece. El Corán es formal en este punto: los dos ángeles Harut y Marut «no enseñaron a nadie antes de decirle: "Nosotros somos tentación. No seas infiel." Aprendían de ellos lo que aleja al hombre de su mujer, pero no hacían mal a nadie sin permiso de Dios».[1] Un ángel musulmán puede caer, pero jamás será un rebelde.

1. Corán (II, 102).

Los comentarios coránicos hablan de esos «dos ángeles legendarios» sin concederles una importancia fundamental.

Con estos dos podíamos quedarnos tranquilos.

Pero sería un error.

Hacia 1945, Georges Dumézil, basándose en una tesis de P. de Lagarde, saca a Harut y Marut de su pozo babilonio para desenmascararlos: nuestros dos perillanes no serían de origen judío sino... ¡persa!

Para Dumézil, Harut y Marut son las identidades usurpadas bajo las que se ocultan, no Shemêhaza y Azazel, sino Haurvata (Integridad) y Ameratat (Inmortalidad), los gemelos Nasatya, dos *Açvin* semidioses que no han conseguido todavía el derecho a beber el soma, bebida reservada a los dioses, y que viven a medias en el cielo y a medias en la tierra. Veamos cómo el *Mahabharata*, libro sagrado de los hindúes, presenta el asunto.

Cierto día, Haurvata y Ameratat ven a la hermosa Sukanya bañarse desnuda en un estanque, y se enamoran de ella. Para rechazarlos, la joven les dice que está casada con el asceta Cyavana. Los jóvenes y hermosos gemelos le replican que el marido está muy viejo y desmirriado. Desde luego, responde Sukanya, pero ella le ama. Tras la discusión, la joven admite no obstante que, si consiguen rejuvenecer a su antiguo marido, ella aceptaría reconsiderar su decisión y elegir un marido entre los tres.

Los jóvenes y hermosos gemelos se bañan con el viejo marido en el estanque y cuando los tres salen del agua son absolutamente iguales... Pero por intuición femenina, Sukanya elige a Cyavana por marido. Éste, muy contento con su nueva juventud inesperada, quiere ofrecer a los gemelos un vaso de soma para mostrarles su gratitud. La diosa Indra se interpone: ¡los gemelos no tienen derecho a beber el soma! El asceta Cyavana, que tiene más de un recurso, paraliza inmediatamente a la diosa y crea «por la fuerza de la penitencia» un monstruo gigantesco:

Mada, la Ebriedad. Aterrada, Indra capitula: los gemelos podrán beber el licor de los dioses. El asceta Cyavana corta entonces al monstruo Ebriedad en cuatro trozos que pone en la bebida, en las mujeres, en los dados y en la caza...

Aunque esta historia no cuente una caída sino una promoción celeste, Dumézil ve en ella tres puntos comunes con las aventuras de Harut y Marut: los ángeles gemelados, una mujer que se les escapa, y la revelación de la ebriedad que engendra todos los crímenes: la injusticia, la lubricidad y el crimen. Llega, pues, a la conclusión de que los ángeles descienden de los dos gemelos Nasatya.

Después, todo el mundo se dedicó a investigar cómo había podido producirse la síntesis de los datos iranios y de una leyenda judía, y qué milagro habría llevado esta hipotética síntesis a la Arabia de principios del siglo VII. Y encontraron el modo: como estas historias estaban en el aire, todo el mundo se paseaba con ellas, voluntariamente o no, todo el mundo las conocía y se habrían injertado... O no. Como las líneas paralelas, las mitologías siempre dan la impresión de cruzarse en el horizonte.

Sea como fuere, el judaísmo talmúdico ha conservado la historia de los ángeles caídos, Shemêhaza y Azazel, pero sin hacer de ella más caso que el islam de Harut y de Marut; en cuanto al judaísmo filosófico, las trata de «plantas exóticas de flores brillantes, pero sin raíz en el judaísmo», en resumen, leyendas traídas por los judíos de su cautiverio en Babilonia y luego asimiladas.

Por su parte, los teólogos cristianos clasificaron el asunto hacia el siglo V asimilando los «hijos de Dios» a la descendencia de Set, y las «hijas del hombre» a la de Caín. Ello no obsta para que, en esa época, la mayoría trabaje sobre textos traducidos al griego o al latín, y que en ninguna parte de la Biblia en hebreo los hijos de Set aparezcan como *Benê Elohim*. «Hijos de Dios» quiere decir ángeles...

Y de forma popular (los ángeles están, en todas partes y siempre, más cerca del pueblo que de los teólogos), una reminiscencia de estos enigmáticos ángeles lascivos, enroscados en el hueco de esos cuatro misteriosos versículos bíblicos, a perpetuarse, en colores y a veces en tres dimensiones, en los muros, los capiteles y los tímpanos de las iglesias medievales: Ahí están: los ángeles buenos están vestidos y asexuados, mientras que los malos, los demonios, completamente desnudos y peludos, jamás desaprovechan la ocasión para exhibir sus puntiagudos pajaritos.

Pero, entre los cristianos, el demonio es un ángel. Por lo tanto no tiene sexo.

Por consiguiente es un sexo imaginario, postizo, el que exhibe el «padre de la mentira» para burlarse, si puede decirse, de sus estúpidos hermanos menores: éstos sí que tienen un pajarito de verdad.

Pero el demonio no se entregaría a semejante strip-tease ilusionista del sexo si no tuviese una importancia muy particular respecto del mismo Dios.

En efecto, el hombre, última criatura divina, es el único que está hecho a imagen de Dios,[1] es decir que esa imagen es a un tiempo espiritual y creadora. Esa creatividad peculiar de la naturaleza humana no se manifiesta sólo en el arte o la técnica, sino también, muy tontamente, en la procreación: «¡Procread y multiplicaos!»[2] es además la primerísima palabra que Dios haya dicho a los humanos, y era una orden. Más tarde, cuando quiera poner de manifiesto su alianza con Abraham, no le pedirá que se corte la punta de la nariz o se agujeree las orejas, sino que sacralice el órgano que, en el hombre, puede parecer el más cercano al reino animal cuando en realidad es un lazo fundamental con el reino de Dios.

1. Génesis (I, 27).
2. Génesis (I, 28).

Pero «en el ángel no hay fecundidad, sólo hay belleza»;[1] mucho más hermosos y más inteligentes que los hombres, los ángeles no pueden crear ni procrear.

Es fácil de comprender que esto haya podido enloquecer a algunos de celos...

Y en primer lugar al más bello de los ángeles del cielo, al ángel que portaba la luz y que con ella se quemó las alas: Lucifer.

1.   Père Marie-Dominique Philippe, *op. cit.*

CAPÍTULO

IV

Donde se cuenta la historia del ángel malo
que sedujo a Eva
y la forma en que lo hizo.

Donde se desvela el origen de su conflicto con Dios
y de su odio a los hombres.

Donde se familiariza al lector con los djinns, los demonios,
y algunas otras criaturas poco recomendables.

Satán

¿Por qué su retrato en primer lugar?

Porque es el ángel que en primer lugar aparece en la Biblia, el primer ángel que el hombre (¡en este caso, la mujer!) conoció —y la causa de sus mayores desgracias.

Desde el principio, el gusano está en el fruto, si es que puede decirse así.

Nada más salir Adán y Eva de las manos del Creador para retozar por el jardín del Edén, resulta que aparece.

Difícil de identificar: para entrar en escena, el ángel se convierte en animal, el demonio se disfraza de serpiente, «era el más astuto de todos los animales del campo que Yaveh Elohim había producido».[1] Por otro lado resulta difícil imaginar a qué podía parecerse esa serpiente. Los innumerables cuadros, frescos y otras ilustraciones nos la representan totalmente enroscada en el árbol del fruto prohibido, con Eva vestida sólo con su melena a un lado y Adán con hojas de parra al otro, no tienen demasiado crédito como imágenes realistas: en ese momento, es decir *antes* de que Dios la condene «a caminar sobre su vientre y a comer tierra todos los días de su vida» debido a su falta, la serpiente no era todavía un reptil, porque en caso contrario esa maldición divina no habría tenido sentido alguno.

Cuando se le apareció a Eva, la serpiente no reptaba ni se enroscaba, se mantenía de pie sobre sus patas. ¿A qué se pa-

---

1. Génesis (III, 1).

recía? Según ciertos comentarios rabínicos del siglo I, tendría la estatura y la figura de un camello... Según otros, tiene la forma de una serpiente pero «con pies y manos como los de un hombre, y alas en los hombros, seis en el lado derecho, y seis en el lado izquierdo».[1]

Lo cierto es que a nuestra antepasada Eva le pareció seductora. Además, habría debido desconfiar, porque la serpiente hablaba —cosa poco lógica para un animal—. Y lo que es más, hablaba un lenguaje inaudito hasta entonces (Adán y Eva nunca habían oído hablar más que de Dios): el lenguaje de la mentira.

La serpiente «dijo a la mujer: "¿Conque Elohim ha dicho: 'No habéis de comer de ningún árbol del vergel'?"»

La primera mentira de todas es divertida. No es lo contrario de la verdad, sino un parásito de la verdad. No es una palabra nueva, es una palabra que se injerta en una palabra anterior, la de Dios. Dios había dicho al hombre que podía comer de todos los árboles del jardín, salvo del árbol del conocimiento del bien y el mal. La serpiente hace una cita tendenciosa, no dice a la mujer: «Dios ha dicho: "No comeréis de ningún árbol del jardín"», cosa que habría llevado a Eva a protestar llamando su atención sobre todos los árboles de los que podía comer, sino esta fórmula ambigua e interrogativa: «¿Conque no comeréis de todos los árboles del jardín?», que va a obligarla a replicar convirtiendo en vedette ese único árbol prohibido, y sólo él, como más importante que todos los demás. Como ese crustáceo llamado ermitaño, la mentira va a instalarse en la concha vacía de la verdad —después de haberla devorado—. Dios es el Verbo; Satán, parásito, produce interferencias.

«Y contestó la mujer a la serpiente:

»—Del fruto de los árboles del vergel podemos comer, pero respecto al fruto del árbol que está en lo interior del

1. El Apocalipsis de Abraham.

vergel ha dicho Elohim: "No comáis de él ni lo toquéis, para que no muráis."

»La serpiente dijo a la mujer:

»—No moriréis por supuesto: es que Elohim sabe que el día en que comáis de aquél se abrirán vuestros ojos y os haréis como dioses, sabedores del bien y el mal.»[1]

También en este párrafo es interesante la respuesta de la serpiente, una hermosa mentira toda llena de verdad: «No moriréis!» Adán y Eva, en efecto, no van quedarse tiesos instantáneamente en el jardín (Adán vivirá 930 años), sino que van a volverse, como Dios les había dicho, «merecedores de muerte», es decir mortales. Sin embargo, Dios había creado al hombre inmortal. «Pero por envidia del diablo se introdujo la muerte en el mundo»,[2] dice el *Libro de la Sabiduría*, atribuido al rey Salomón. El primer regalo de Satán al hombre es la muerte, que delimita el reino del «Príncipe de este mundo»: Satán no tiene ningún poder en la eternidad, ese tiempo de Dios. Satán se instala en el instante, el tiempo de los hombres, y en el instante tiene razón.

Segunda consecuencia: «Os haréis como dioses, sabedores del bien y el mal.» El ángel es más inteligente que el hombre, conoce el bien y el mal, y le propone poder «hacer de malo», como él. En forma de una ilusión, la de «tomarse por un dios» en lugar de Dios mismo. Dios había creado al hombre más allá del bien y del mal, Satán va a proponerle el contrapoder. El hombre será un dios para el hombre; va a elegir sustituir la ley divina, limitada entonces a una sola prohibición, por sus propias leyes —innumerables...

El resultado no se hace esperar. Cuando Adán y Eva han comido del fruto prohibido, «abriéronse entonces los ojos de ambos y comprendieron que estaban desnudos, por lo cual

1. Génesis (III, 1-5).
2. Sabiduría (II, 24).

entretejieron follaje de higuera e hiciéronse unos ceñidores.»[1]
¡Qué mal aspecto tienen nuestros antepasados cuando la sabiduría los invade! Antes de expulsarlos del paraíso terrenal, Dios, primer sastre de la historia, no dejará de confeccionar para ellos unas túnicas de piel.[2]

Al hilo de los años el fruto prohibido se ha convertido en una manzana. Debido a un error de traducción en el siglo v: «En latín, *pomum* representa la fruta en general, y *malum* la *pomme* (manzana).[3] Relacionar *pomum*, *pomme*, *malum*, *mal* era muy fácil...», explica Jean-Baptiste de Vilmorin;[4] en realidad se trataba de un higo. Lógico, puesto que las hojas de la higuera fueron el primer taparrabos utilizado por Adán y Eva, y luego por los artistas que los representaban, antes de ser suplantadas en ese empleo por la hoja de parra a principios de la Edad Media.

Otro error extrañamente difundido es el de imaginar una relación entre ese «fruto prohibido» y el sexo. Indudablemente procede de todas esas imágenes de tapa-sexos de follaje. ¿Cómo explicar de otro modo que en la actualidad perduren las extrañas leyendas de los bestiarios medievales? Una de ellas cuenta que el elefante, por ser el más frío de los animales, no puede unirse a la elefanta sino después de haber comido mandrágora. De ahí la idea de que el fruto que Eva presenta a Adán sería esa mandrágora afrodisíaca. Adán la come y, arrebatado por un repentino deseo, conoce a Eva (¡en el sentido bíblico!) y engendra a Caín... En resumen: «La ciencia antigua más sospechosa y la exégesis cristiana más criticable se unen, como puede verse, en los bestiarios»,[5] dice Émile Mâle, que los conocía bien.

Porque Adán y Eva habían sido creados con la orden de

1. Génesis (III, 7).
2. Génesis (III, 22).
3. En francés, manzana: *pomme*. (*N. del T.*)
4. En *Le Jardin des hommes*, Le Pré aux Clercs.
5. En *L'Art religieux du* xiii *siècle en France* (libro I, cap. 2).

multiplicarse y todo el instrumental para hacerlo, antes de comer del fruto prohibido. Los comentarios rabínicos sólo difieren en la hora, entre la séptima y la novena, del día de su creación cuando lo hicieron. Pero no sobre el hecho. La tradición cristiana enseña que habrían podido, pero que no tuvieron tiempo...[1]

¿Quién diablos es entonces Satán? ¿Por qué se encarniza con los hombres? También en este punto, incluso con sus mejores lentes, *very best glasses*, nuestro querido Mr. Chatterton apenas encontró informaciones en la Biblia.

Encontró en ella, por supuesto, «el Satán», luego Satán a secas al hilo de las páginas, pero sin explicación de sus orígenes, de su pasado, de su historia.

En primer lugar, su nombre. El Satán, en hebreo, es el adversario, traducido en griego por el neologismo *diabolos*[2] (el que se lanza a través de) que dará nuestra palabra diablo. El Satán no es el adversario de Dios —de quien no es más que una criatura; no se baten en la misma categoría—, es el adversario del hombre. Quiere probar a Dios que Él cometió un error poniendo su confianza en una criatura de naturaleza inferior a la suya. Porque en la Biblia está muy claro que el Satán es un ángel.

En el Antiguo Testamento, donde no ocupa un lugar considerable, el Satán es una especie de fiscal: avanza entre los ángeles de Dios, viniendo «de dar vueltas por la tierra y pasear por ella»,[3] para proponer a Éste que ponga a prueba a Job, un hombre justo a quien Dios encuentra totalmente sorprendente. ¿Seguiría Job alabando a su Creador si le quitasen

1. «Si nuestros primeros padres no tuvieron trato carnal en el Paraíso, es, dice san Agustín, porque fueron expulsados del Paraíso por su pecado poco después de la formación de la mujer», santo Tomás de Aquino, en *Suma teológica* (Q. 98, art. 2, sol. 2).
2. Al contrario del *symbolos* que reúne, el *diabolos* divide.
3. Job (II, 2).

todos sus bienes y se viese abrumado por las enfermedades? Dios deja que el Satán suma a Job en la desgracia, a condición de que no atente contra su vida. Pero Job, enfermo, abandonado por todos y pobre como sólo él supo serlo, continuó siendo fiel. Será recompensado por ello, desde luego, sin que Satán sea castigado por lo que le ha hecho: se ha limitado a cumplir con su trabajo.

Asimismo, en Zacarías, el Satán está a la diestra de Josué para acusarle: «¡Conténgate Yaveh!»,[1] le dice el ángel de Dios. Y comienza a molestar a todo el mundo, pero siempre actúa con permiso divino. Cuando Saúl, al perder el favor de Dios, se hunde en una grave depresión, se dice que «le agitó un mal espíritu suscitado por Yaveh».[2]

No se convierte en Satán, sin artículo, autónomo, con nombre propio, hasta el siglo IV a.C. en el *Libro de las Crónicas*: «Levantóse Satán contra Israel e incitó a David a hacer el censo de Israel.»[3] Esto le valdrá luego a David la cólera divina, y a Israel una buena peste. Pero tampoco aquí se dice que Satán haya desobedecido en nada. Incluso si da la impresión de sentirse cada vez más a gusto.

El Satán de los rabinos es el Satán de la Biblia hebraica: al servicio de Dios, se encarga de seducir a los hombres en calidad de agente provocador, de acusarlos ante Dios y de infligirles la muerte. Todos los días menos uno. El único día en que Satán no tiene ningún derecho, su día de inactividad anual, es el día del Gran Perdón. Es fácil demostrar: en hebreo, donde cada letra es también un número, el valor numérico de su nombre *Ha-Satan* es de 364. El día 365 Satán cierra la tienda. Era lo que había que demostrar.

Al margen de sus funciones oficiales de enredador público

1. Zacarías (III, 2).
2. I Samuel (XVI, 14).
3. I Crónicas (XXI, 1).

del género humano, no aparecen en ninguna parte del Talmud o de los *midrashim*, los comentarios, que Satán sea también el jefe de todos los espíritus maléficos.

Sin embargo no faltan espíritus maléficos en el Antiguo Testamento, bajo formas distintas y variadas. Encontramos ahí *seraphim* (serpientes-demonios), volando y quemando, *se'irim* (demonios peludos) en forma de vacas o de cabras, del tipo sátiro, *siyyim* (bestias ladradoras del desierto), *'ochim* (bestias quejumbrosas) en forma de chacales o de búhos, *iyyim* (lobos), avestruces «hijas de la glotonería», etc. Sin contar a la célebre Lilith,[1] la mujer-demonio, «espectro de las noches», personaje alado de largos cabellos, que se supone fue la primera mujer de Adán y sobre la que luego corrieron toda clase de leyendas terroríficas...

La creencia en los demonios está profundamente arraigada en toda la literatura judía, que habla a menudo de *mazziqin*, de *sedim* y otros espíritus malignos. Pero mientras algunos piensan que estas criaturas descienden, como hemos visto en el capítulo anterior, de gigantes nacidos de la unión antediluviana entre ángeles caídos y mujeres, el Talmud considera que los demonios fueron creados directamente por Dios, el sexto y último día de la creación, cuando Él fue atrapado de nuevo por la oscuridad: «Son los demonios cuyas almas creó el Santo Único (bendito sea), pero cuando estaba a punto de crear su cuerpo, la santidad del *shabbat* sobrevino y Él no pudo crear sus cuerpos. Que esto sea un ejemplo para que Israel deje de trabajar al acercarse el shabbat.»[2] ¿Cómo explicar de otro modo que Dios, que es perfecto, haya podido crear seres tan imperfectos e incluso francamente desagradables?

Estos demonios inacabados, visibles o invisibles, se situarían entre el hombre y el ángel: «Por tres puntos, los demo-

---

1. Isaías (XXXIX, 14), Salmos (XCI, 15).
2. Judah el Príncipe, llamado «Rabbí».

nios se parecen a los ángeles, por otros tres se parecen a los hombres. Como los ángeles, tienen alas, se desplazan de un extremo a otro de la tierra y prevén el futuro. Como los hombres, comen y beben, procrean y mueren.[1] Los demonios están por todas partes, con preferencia notoria por el desierto, las tumbas y las ruinas. Son sexuados. De ahí las aventuras de íncubos y súcubos fornicando con humanos: el Zohar[2] indica que Lilith, la reina de los demonios, excita al hombre privado de mujer para fabricar cuerpos con el esperma que así va a derramar. Por lo tanto, todo hombre tendría en el aire hijos demoníacos,[3] frutos de sus sueños eróticos y de sus actividades masturbatorias...

Una tercera tradición sostiene que esos demonios serían hombres caídos, descendientes de los constructores de la torre de Babel; habrían sido transformados en monos o en demonios para castigar su orgullo.[4] El pensamiento judío no es dogmático, sino calidoscópico; vive de contradicciones, de preguntas y de saltos, nada está nunca definitivamente zanjado. Al contrario: su conclusión supondría la muerte del Libro.

Lo cierto es que Satán, por ser un ángel, no puede desobedecer. Atiborrado de malas ideas contra los hombres, sólo las pone en práctica con el permiso de Dios. En el Talmud los demonios son bastante suaves; sólo hacen daño al hombre en ciertas ocasiones, y se calman en cuanto un rabino les dice dos palabras.

Existe sin embargo una tradición judía tardía que hace de Satán un ángel desobediente, en un apócrifo del siglo I: *La vida de Adán y Eva*. Ahí vemos al ángel Miguel pedir a los demás ángeles que se inclinen, imitándole a él, ante Adán

1.   Hagigah (16 a) y Avoth de Rabbí Nathan (cap. XXXVII).
2.   *Libro del esplendor*, texto fundamental de la Kábala.
3.   Gershom G. Scholen, *La Kabbale et sa symbolique* (IV, 6).
4.   Sanedrín (109 a).

recién creado. Pero Satán se niega, diciendo que Adán es menos antiguo que él, y de un rango inferior como criatura. Dios, furioso, lo destierra, y con él a los ángeles que tiene bajo sus órdenes.

Aunque esta última tradición apenas tiene adeptos en el pensamiento judío, encontramos su huella, sintetizada en una sola frase, en la Epístola a los Hebreos de san Pablo:

«En cambio, otra vez, cuando introduce al primogénito en el orbe, dice: "¡Y que lo adoren todos los ángeles de Dios!"»[1]

Pero la continuación no dice lo que hizo Satán...

El Corán es el único de los textos sagrados oficiales que cuenta lo que le ocurrió antes del jardín del Edén. Satán lleva ahí el nombre de Iblis, y el relato de su caída es referido en cuatro azoras,[2] entre ellas la trigésimo octava:

«Recuerda cuando tu Señor dijo a los ángeles: "Yo voy a crear un ser humano de barro. Cuando le haya modelado y haya insuflado en él parte de mi Espíritu, ¡caed, ante él, postrados!"»

Todos los ángeles se postraron, excepto Iblis. Éste se enorgulleció y estuvo entre los infieles.

Dios preguntó: «¡Iblis! ¿Qué te ha impedido postrarte ante lo que he creado con mis dos manos? ¿Te has enorgullecido o estás entre los soberbios?»

Respondió: «Yo soy mejor que él. A mí me creaste del fuego y a él lo has creado del barro.»

Dios exclamó: «¡Sal del cielo! ¡Tú eres lapidable! ¡Caiga sobre ti mi maldición, incesante, hasta el día del Juicio.»

Satanás dijo: «¡Señor mío! ¡Concédeme un plazo hasta el día en que sean resucitados!»

Dios contestó: «Tú estás entre los que esperarán hasta el día del instante determinado.»

1. Hebreos (I, 6).
2. Azoras VII, XV, XX y XXXVIII.

Satanás exclamó: «¡Por tu deber! ¡Seduciré a todos los humanos, con excepción, entre ellos, de tus servidores puros.»[1]

Y va a empezar por Adán y Eva, en el paraíso terrenal. En otra azora,[2] Iblis precisa a Dios su programa contra los hombres: «A continuación los alcanzaré asediándolos por delante, por detrás, por la derecha y por la izquierda. No encontrarás, en su mayoría, agradecidos.»

Así pues, Satán ha desobedecido a Dios negándose a prosternarse ante el hombre, criatura que le parecía inferior, pero aunque maldito, recibe de Dios autorización para fastidiar a los hombres. Su poder es restringido, es impotente contra los verdaderos creyentes, a quienes por otra parte se pone en guardia en abundantes lugares: «Y no sigáis los pasos de Satanás: él es vuestro enemigo declarado»,[3] es una verdadera cantinela que esconde el Corán. Bajo control divino, como en la Biblia, trata de probarle a Dios que el hombre no es una criatura digna de Su confianza.

Para los musulmanes, no es del todo seguro que Satán sea un ángel, precisamente porque los ángeles son impecables y no pueden desobedecer a Dios. Pero Iblis, al no prosternarse delante de Adán, desobedece. Por lo tanto no es un ángel. Pero si no es un ángel, la orden de Dios, que estaba dirigida a los ángeles, no le afectaba, y por lo tanto no habría desobedecido.

La tradición ha optado en líneas generales por hacer de Iblis un djinn. Herederos de los demonios bíblicos, comparables a los *daimon* griegos pero típicamente musulmanes, los djinns son criaturas intermedias entre el hombre y el ángel. Los ángeles están hechos de luz, los djinns de fuego, y el

1. Corán (XXXVIII, 71-83).
2. Corán (VII, 17).
3. Corán (II, 208; XII, 5; XVII, 53; XXXV, 6; etc.).

hombre de tierra. El djinn puede ser bueno (como el que habitaba en la lámpara de Aladino) o malo, en cuyo caso se le denomina *shaytán*, demonio.

Los djinns son invisibles, pero pueden adoptar figuras variadas y entrar en diferentes cuerpos de animales: gatos, pájaros, serpientes, escorpiones, caballos, camellos... «Su verdadera forma es semejante a la forma humana, pero su vientre no tiene cavidad ni intestinos, es como un hueso. Sólo comen si quieren, duermen muy poco y no tienen excrementos.»[1] Dotados de razonamiento, los djinns son sexuados, se reproducen y mueren.

Argumento añadido, precisamente, para hacer de Iblis un djinn; tiene hijos, procrea bajo el impulso de su mujer, la Cólera, pero completamente solo: «Iblis tiene los dos sexos: el masculino en la pierna derecha, el sexo femenino en la pierna izquierda, se fecunda a sí mismo y pone diez huevos diarios. De cada huevo salen 70 *shaytanes* y *shaytanas*. Los *shaytanes* son machos y hembras. Como todos los djinns, se reproducen más rápidamente que los otros, por ser de una naturaleza de fuego.»[2]

Según las leyendas, antes de la creación de Adán, Satán-Iblis se llamaba Azazel. Era un djinn muy hermoso y piadoso. Los ángeles, con el permiso de Dios, lo llevaron a los Cielos donde se convirtió en su jefe y maestro. Permanecía en el cielo durante la noche, y en tierra durante el día donde se encargaba de dirigir a los djinns por el camino recto. Pero su privilegiada situación acabó subiéndosele a la cabeza y terminó por rechazar inclinarse ante Adán.

Si Satán es el padre de una multitud de *shaytanes*, no es en cambio el jefe de legiones de ángeles rebeldes, idea típica-

1.   Mohammad Mokri.
2.   Tufic Fahd, *L'islam et ses sectes. Histoire des religions*, vol. III, La Pléiade, Gallimard.

mente cristiana, pero que va a elaborarse en el curso de los siglos.

En la época en que el Corán se publica, el cristianismo ya ha abandonado la idea de los demonios hijos de los hombres y de los ángeles. Fue Orígenes el primero que, en el siglo III, envió los relatos de Enoc al cubo de la basura de los apócrifos. Bajo su influencia, a partir del siglo IV, la Iglesia griega y luego la Iglesia latina dejaron de ver los demonios como seres semiangélicos, semihumanos, y los vieron como ángeles subordinados de Satán caídos al mismo tiempo que él. Les encontró un origen en el Apocalipsis de san Juan: «Y se entabló un combate en el cielo: Miguel y sus ángeles luchando con el dragón. Y el dragón luchó, y sus ángeles, pero no tuvieron fuerza, ni volvió a encontrarse su sitio en el cielo; fue expulsado el gran dragón, la serpiente antigua (que se llama Diablo, y el Adversario), que engaña al orbe entero; fue expulsado a la tierra, y sus ángeles fueron expulsados con él.»[1] El texto no ofrece el número de esos ángeles caídos pero sí una proporción. En efecto, la cola del Dragón barre «la tercera parte de las estrellas del cielo y las lanzó a la tierra».[2] De donde se deduce que cayó la tercera parte de los ángeles. Aunque se crea que el Apocalipsis habla del fin del mundo y no de su origen, esta explicación fue la que se difundió excluyendo cualquier otra.

Hasta Orígenes, la causa de la falta de Satán era, poco más o menos, la que describe el Corán: Satán estaba celoso de Adán, del hombre. Cuando Dios encargó al hombre dominar la tierra, Satán, furioso por verse desposeído de sus prerrogativas, le había tendido una trampa en el jardín del Edén, trampa que consistió en arrastrar al pecado que Satán había cometido él mismo. Era evidente para todo el mundo, incluso

1. Apocalipsis (XII, 7-9).
2. Apocalipsis (XII, 4).

aunque este asunto no apasionase ni a las multitudes ni a los teólogos, que el pecado de Satán eran los celos.

De este modo, Orígenes va a dar una sólida y definitiva patada a esta teoría. Porque, para él, el diablo ya había caído en el mal *antes* de la creación de Adán: «Él era homicida desde el principio»,[1] y por tanto la explicación de su caída debía buscarse en otra parte distinta de los celos hacia los hombres que en ese momento aún no habían sido creados. Orígenes la encuentra en el profeta Isaías cuando describe la muerte del rey de Babilonia. No hay duda ninguna de que se trata del diablo, ni de que estas palabras no vayan dirigidas a él. «¿Cómo has caído del cielo, astro rutilante, hijo de la aurora, y has sido arrojado a tierra, tú que vencías a las naciones? Tú dijiste en tu corazón: "El cielo escalaré, por encima de las estrellas más altas elevaré mi trono (...), escalaré las alturas de las nubes, me igualaré al Elyón [el Altísimo]."»[2] El ángel llamado «estrella de la mañana», dicho en otros términos Lucifer, «el que porta la luz», se había dejado perder por el orgullo. Ezequiel añade: «Tú eras un querubín consagrado como protector, Yo te había establecido tal. (...) Se engrió tu corazón por tu belleza.»[3]

Similis ero Altissimo: «Me igualaré con el Altísimo», ése era el pecado de Satán. Una naturaleza espiritual no puede pecar contra la carne, sólo puede pecar contra el espíritu. Y los celos son un pecado contra la carne —pero no el orgullo, clasificado luego como el número uno de la lista de los cincuenta pecados mortales—. ¿De dónde procede ese orgullo diabólico? Son distintas las hipótesis que lo explican. Porque Satán, serafín de primera clase, está lejos de ser un imbécil. Es incluso sutilmente inteligente...

1. Juan (VIII, 44).
2. Isaías (XIV, 12-14).
3. Ezequiel (XXVIII, 14, 17).

Ruperto de Deutz,[1] por ejemplo, explica que Lucifer, habiéndose cegado él mismo, se jactó delante de otros ángeles de haberse autocreado; éstos no podían contestarle: como Lucifer había sido el primer en ser creado, su creación no había tenido más testigo que el propio Dios. Así pues, Satán habría intentado hacerse pasar por Dios ante sus iguales. Para santo Tomás de Aquino, Satán habría querido no deber su felicidad más que a sí mismo, y hacerse en esto semejante a Dios. A Suárez[2] la tesis de santo Tomás le parece indigna del gran espíritu que es Lucifer, y emite otra. Piensa que Dios, desde el origen, había dado a conocer a los ángeles su proyecto de unir, en Cristo, el Verbo con un hombre, y que Satán había enfurecido al ver concedido ese privilegio a una criatura de la raza humana en lugar de serlo a la criatura más perfecta: el ángel, y al más perfecto de los ángeles, es decir él mismo.

Los debates están lejos de haber terminado, salvo en el fondo: Satán quiso igualarse con Dios. Sobre todo porque esto corrobora no sólo lo que dice a Eva, «Seréis como dioses», sino también la forma en que se comporta frente a Jesús en los Evangelios. Jesús va a ayunar durante cuarenta días al desierto y encuentra a Satán, que le pone a prueba por tres veces. La última de esas tentaciones es como una parodia de la escena descrita en el Corán:

«El diablo se lo llevó de nuevo a un monte muy alto, y le mostró todos los reinos del mundo y su esplendor, y le dijo: "Te daré todo esto si me adoras postrándote." Entonces le dijo Jesús: "¡Vete, Satanás! Porque está escrito: Al Señor tu Dios adorarás, y a Él sólo servirás."»[3]

Satán se presenta aquí con toda evidencia como rival de

1.   Benedicto, abad de Tuy en el siglo XII.
2.   El padre Francisco Suárez, teólogo jesuita español (1548-1617).
3.   Mateo (IV, 8-10).

Dios en la tierra. Jesús, que le llama «Príncipe de este mundo», lo envía a las cuerdas de ese estrecho territorio: cierto, los bienes materiales, el poder y la gloria son suyas. Pero sólo en este mundo. Jesús, que exorciza a la multitud de demonios, repite que Su reino «no es de este mundo».

Como hemos visto, Satán es el enemigo del hombre. La existencia de Cristo, a la vez hombre y Dios, le saca definitivamente de sus casillas: el fiscal amable de la humanidad echa espuma de rabia por la boca. Cristo no va a vencerle haciendo exhibición de su omnipotencia divina, sino, al contrario, mostrándose en toda su debilidad humana, humillándose. Va a morir, es decir a sufrir el castigo que el propio Satán atrajo sobre el hombre para que el hombre, por Él, se salve definitivamente: «Para aniquilar por la muerte al que poseía el poder de la muerte (es decir, al diablo).»[1] Con su muerte, derrota aparente, Cristo ha vencido a la muerte. En cuanto a Satán, no morirá jamás y se sabe perdido de antemano —hecho precisamente que no es el más apropiado para calmarle...

Es la doble naturaleza —humana y divina— de Cristo lo que atiza la cólera de Satán; la presencia de éste es por lo tanto mucho más invasora en el cristianismo que en el resto de las religiones. Satán se muestra en el cristianismo mejor porque, contrariamente a los judíos y a los musulmanes, que tienen prohibida la representación figurativa, los cristianos no van a privarse de pintar ni de esculpir al Enemigo y a sus esbirros. En Vezelay, por ejemplo, unos hirsutos diablillos no dudan en mostrar, en el siglo XII, ¡un *look* francamente punk!

Todos los teólogos cristianos hacen de Satán un ángel caído, «un extraceleste que *squateriza* el mundo por algún tiempo», según la frase de Chesterton, y el primero de todos los ángeles. Pero si Satán y sus secuaces son puros espíritus invisibles, ello no les impide en modo alguno aparecer en

1. Hebreos (II, 14).

forma de horribles bestiajos, seres humanos o incluso ángeles, para atormentar a los cristianos, y preferentemente a los
santos. El padre Claude Nicolas, exorcista en Notre-Dame de
París, explica muy bien los motivos: «La mayoría de la gente se porta tan mal que el diablo no tiene ninguna razón para
manifestarse a ellos exteriormente; ¡ya está actuando en su
corazón! Son los místicos más bien los que son objeto de
vejaciones demoníacas.»[1]

De san Pablo, abofeteado todos los días por un ángel de
Satán,[2] al cura de Ars, pasando por las célebres tentaciones
de san Antonio, el cuervo de san Benito y san Martín que vio
al diablo tratar de adoptar la forma del propio Cristo, los
ejemplos son innumerables. En el siglo XIII, un monje cister-
ciense alemán explica en una obra destinada a los novicios
que los demonios pueden incluso contaminar los alimentos:
cuando un demonio se oculta en un vaso de leche, ¡si lo be-
béis, morís por beberlo![3] A principios del siglo XV, santa Francisca Romana está tan harta de que Satán la arrastre por el
pelo ¡que se lo corta para llevar un velo! En el XIX, durante
más de treinta años, todas las noches el cura de Ars recibe las
visitas tumultuosas de aquel al que ha puesto por nombre «el
Gancho»,[4] que agita las cortinas, araña el suelo y sacude las
paredes de su habitación —¡cuando no le prende fuego!—.
«Como no podía conseguir el pájaro, ha querido quemar la
jaula», comenta el santo sacerdote sin conmoverse: «Desde la
época que tenemos que vérnoslas juntos, nos conocemos, somos camaradas... El demonio se ha acabado, desde luego,

1. En Le Démon de l'angoisse, Bayard/Centurion.
2. II Corintios (XII, 7).
3. Dialogus miraculorum de Cesar de Heisterbach, citado por Sophie
Cassagnes Brouquet en Les Anges et les Démons, Éditions du Rouergue.
4. «Esta palabra designa una especie de azada de tres puntas, em-
pleada en esa época en las granjas de la región», Miguel de Saint-Pierre,
en La Vie prodigieuse du curé d'Ars, Gallimard.

pero no es fuerte: una señal de la cruz le pone en fuga.»

Estas visitas demoníacas, para ser honestos, no están reservadas únicamente a los católicos: Martín Lutero veía el diablo en los monos y los loros, animales duchos en imitar al hombre o su voz. Cuenta que en 1521, refugiado tras su ruptura con Roma en el castillo de Wartburg, hubo de pelearse con Satán que le bombardeaba con avellanas desde la estufa de su cuarto. Lutero añade que se defendió, desde el fondo de su cama, arrojándole un tintero a la cabeza...

Una cosa así no se inventa.

En cuanto a las historias mefistofélicas de pacto con el diablo, que conocieron gran fortuna en la literatura, el teatro y la ópera, proceden del *Milagro de Teófilo*, que fue un suceso medieval fenomenal. La acción se sitúa en el año 537 en Oriente. Teófilo, vidame[1] del obispo de Adana en Cilicia, es tan virtuoso que, a la muerte de su obispo, el pueblo desea elegirle como sucesor, pero Teófilo, modesto, se niega para seguir siendo vidame del nuevo obispo. Entonces Satán lo tienta haciéndole desear ese poder que ha rechazado. Y lo hace tan bien que Teófilo va a ver a un mago y se compromete a entregar su alma al infierno a cambio de darle la gloria en este mundo. El pacto fue redactado en un pergamino. Teófilo firma. Satán aparece y se lleva el documento.

A partir de ese momento a Teófilo le sale todo bien y obtiene honores y regalos. Sin embargo le asaltan los remordimientos: se ve torturado por el recuerdo de su crimen. Una noche, se duerme en la iglesia después de haber rezado a la Virgen. Y entonces sueña que María se le aparece, le perdona su falta y le devuelve el pergamino que ella ha arrancado de las manos del demonio. Y cuando despierta, Teófilo se encuentra realmente con el pergamino en las manos... Loco de alegría, va a confesar su falta al obispo, cuenta a todos la

1. Adjunto y representante para los cargos temporales.

historia de su crimen y de su perdón antes de morir santamente unos días más tarde.[1]

Esta historia fue traducida al griego por un diácono napolitano, luego rimada por un obispo, explicada en *Les Miracles de Notre-Dame* de Gautier de Coincy, cantada en la liturgia en el siglo XI durante el oficio de la Virgen, transformada en misterio por Rutebeuf en el XIII, añadida a la *Leyenda dorada* de Jacques de Voragine, esculpida en el pórtico norte de Notre-Dame de París lo mismo que en el pórtico oeste de la catedral de Lyon, y representada en los vitrales de Mans, de Chartres, de Laon, de Beauvais, de Troyes... En resumen, ¡todos los medios de comunicación de la época lo utilizan!

En la actualidad, si Satán no forma parte de la profesión de fe, el *Credo* de los católicos, aparece en cambio en el *Pater*, el padrenuestro, la oración de todos los cristianos, en la última frase: *Et ne nos inducas in tentationem, sed libera nos a Malo*, traducida de manera sorprendente por «Y no nos induzcas a tentación, mas líbranos del Mal», cuando en realidad significa: «No nos dejes caer en la tentación, mas líbranos del Maligno», porque, *dixit* el propio catecismo:[2] «En este ruego, el Mal no es una abstracción, sino que designa a una persona, Satán, el Malo, el ángel que se enfrenta a Dios»... El Mal exhibe un aspecto más presentable, más discreto y más racional que el Maligno, ese viejo diablo peluco cuya representación dantesca: gigantesco, tricéfalo, con dos grandes «alas sin plumas parecidas a las del murciélago», que «llora por seis ojos por tres mentones por donde gotean sus lágrimas y su baba sangrante»,[3] ha terminado por desaparecer de las iglesias tras las directrices de buen gusto emitidas por el Concilio de Trento en 1563.

---

1.   Émile Mâle, en *L'Art religieux du XIIIe siècle en France*, cuenta todo esto.

2.   *Catéchisme de l'Église catholique*, par. 2851, Plon/Mame, 1992.

3.   Dante, *Divina Comedia*, «Infierno», canto XXXIV.

En su último concilio, Vaticano III, la Iglesia católica, que a veces parece más deseosa de acabar con el oscurantismo que con el demonio, ha barrido muchos ángeles, buenos o malos, de su liturgia. Ciertos teólogos se habrían visto tentados incluso, al parecer, a situarlos decididamente en la estantería de la mitología. En realidad, a Dios gracias, la Iglesia mantiene, en Francia, un exorcista por diócesis cuya consulta, que no siempre está llena, no queda reservada exclusivamente a los católicos: ¡a buen entendedor, salvación eterna!

La cuadratura del círculo satánico es para los tres monoteísmos la misma; se trata —Dios es al mismo tiempo infinitamente bueno y misericordioso pero también todopoderoso— de responder a la pregunta: ¿Por qué tanto odio? ¿De dónde procede el mal?

Entre los judíos, Satán es un ángel cuya misión, según los antiguos doctores de la *Mishna*, es la siguiente: «Desciende y seduce, luego sube y acusa, y por último, tras haber obtenido el permiso, quita la vida.»

Entre los musulmanes, Satán es un djinn, Iblis, que se ha negado a que Dios tome por centro de su creación a una criatura que no era su cumbre: por su inteligencia y su belleza el ángel es superior al hombre, pero ha sido al hombre a quien Dios ha elegido como representante suyo en la tierra. Expulsado de los cielos, tiene derecho a acosar a los hombres hasta el juicio final.

Entre los cristianos, Satán es un ángel, Lucifer, que se revolvió contra los planes divinos. Creado bueno, se ha vuelto malo por sí mismo y ha arrastrado a todos los hombres de la tierra —de donde ha sido expulsado con sus legiones de ángeles— hacia el mal y la muerte. Su furor homicida es tanto más grande cuanto que Dios, en Jesucristo, se ha hecho hombre. Todo individuo que sucumbe al mal está bajo su influencia.

En todos los casos, Satán es un ser sublimemente inteligente que toma a Dios por un imbécil. Pero Dios no es imbécil, es bueno. Es Su divina locura. No eligió centrar su obra ni en la belleza ni en la inteligencia, cualidades angélicas, sino en la bondad. Cuando crea el mundo, en ninguna parte se dice que su obra le parece bella o inteligente, simplemente este estribillo… «Y vio Elohim que estaba bien.» La bondad lo es todo para Él; le gustaría que los hombres fuesen buenos, «a su imagen y semejanza», como Él los había hecho antes de que ese gran Maligno haya ido a soplarles que serían muy estúpidos si seguían semejante plan.

El truco de Satán es hacer pasar, a ojos de los hombres, la bondad por estupidez. Y eso no es duro: si hay algo que el hombre, semianimal por naturaleza, no soporta, ¡es que le tomen por un buenazo!

Según Baudelaire, «la más bella de las trampas del diablo es persuadirnos de que no existe». En el siglo XX, la agudeza de Malraux permitirá a éste ser el primero en desenmascararle: «Con los campos de concentración, Satán ha reaparecido en forma visible en el mundo…»[1] ¿Cómo no ver, bajo el nazismo, su terrible firma? Un pueblo que se autoproclama «raza aria», deslumbrado por su presunta belleza, y que decide rehacer el mundo a su imagen dolicodéfala eliminando de forma prioritaria el pueblo elegido por Dios y convertido, por eso mismo, en el testigo más molesto de su crimen… Algunos llegan a subrayar incluso que los nazis capitularon el 8 de mayo de 1945, día de san Miguel, el ángel que arrojó a Satán de los Cielos.

Aunque Satán es el primer ángel que vemos en la Biblia, como confiesa mi amigo el dulce hermano Mateo: «No es mi ángel preferido.»

1. En *Le Miroir des limbes*, 1.ª parte: *Antimémoires*, Folio/Gallimard.

CAPÍTULO

V

Donde se relaja un poco
sobrevolando la extensión y la variedad
de las misiones angélicas sobre la tierra:
espías, soldados, jinetes, artilleros, gendarmes,.
guardias de corps, bomberos, domadores, músicos,
restauradores, camareros, alcahuetes,
los ángeles no conocen el paro.

Donde se confunde a los ingenuos que los creen inútiles.

Las tareas de los ángeles

¿Para qué sirven los ángeles? Cuando se examina esta cuestión uno termina por preguntarse más bien para qué no sirven...

En efecto, el ángel, cuyo nombre significa mensajero, no se define por su naturaleza sino por su función. Aprovechable hasta el extremo de las alas, apenas deja percibir otra cosa de su persona que su celeridad de perfecto funcionario celeste. Pero todos los ángeles no ejercen por eso el mismo oficio, sino todo lo contrario: «Ha sido enseñado: un solo ángel no se encarga de dos misiones, y dos ángeles no se ocupan de la misma misión»;[1] y la variedad de las tareas que les incumben es gigantesca —en cualquier caso cuando vienen a la tierra—. Es muy sencillo: si no estuvieran ahí, ¡la tierra dejaría de dar vueltas!

Los ángeles ignoran aparentemente el sindicalismo: trabajan día y noche sin dormir nunca, y, además de superar con creces las treinta y cinco horas, ni siquiera tienen fines de semana: «Los ángeles inferiores no observan el *shabbat* para no paralizar la vida en la tierra.»[2]

Los ángeles superiores, que son, con mucho, la inmensa mayoría, no descienden nunca de la corte divina a excepción de Miguel, Gabriel y Rafael. Al margen de algunos raros místicos de altos vuelos cuya alma es lo bastante elevada para ser

1. Béréchith Rabba (50).
2. Jubileos, 2, Enoc, 12.

izada a esas altas esferas, el común de los mortales sólo tiene trato con la minoría proletaria de los ángeles.

Veamos ahora un breve florilegio —¡nada exhaustivo!— de la variedad de empleos que ejercen entre nosotros.

CIA: Celestial Intelligence Agency

Los ángeles ofrecen la imagen de la perfección en la peligrosa carrera de agentes secretos; tenemos una prueba: ¡la mayor parte del tiempo operan de forma totalmente invisible!

Cuando su misión lo exige, adoptan una «cobertura» humana. El más atractivo es, sin ninguna duda, el ángel Rafael, en el libro de Tobías. Realiza una misión bajo una identidad falsa que declara sin pestañear: «Soy Azarías, hijo del gran Ananías», le dice al viejo Tobit, ciego, sí, ¡pero no sordo! Contratado por el anciano a un dracma por día, acompaña a su joven hijo en un viaje para recuperar su hacienda, encuentra a una prometida de éste, expulsa al demonio Asmodeo, y, tras las bodas, a su regreso, termina devolviéndole la vista al anciano. Cuando, frenético de gratitud, el viejo Tobit quiere darle más dinero de lo acordado, Rafael le confiesa: «Os mostraré toda la verdad sin ocultar nada; ya os dije y manifesté que es bueno ocultar los planes secretos del rey y desvelar con gloria las obras de Dios. (...) Yo soy Rafael, uno de los siete ángeles que asisten y entran ante la gloria del Señor.»[1] Evidentemente toda la familia está a punto de desmayarse de miedo, el ángel los tranquiliza, les repite, como suele ser habitual en los ángeles, que no es a él a quien hay que dar las gracias sino a Dios, y añade que ha fingido comer con ellos, revelando así una superchería de agente secreto divino, sospechosa desde la verdadera y falsa al mismo tiem-

1.   Tobías (XII, 11-15).

po comida campestre de Abraham con los tres ángeles en la Encina de Mambré.

En tierra, para gran desesperación de nuestro amigo Mr. Chatterton, un ángel no dice su verdadero nombre, o sólo lo confiesa una vez realizada la misión, justo antes de marcharse. Y esto lo hace —al menos— por tres razones.

En primer lugar, porque si dice que es un ángel, la gente tiembla de miedo, se desmaya o se derrumba, y eso es tan radical como molesto. De ahí la frase clásica, la primera del manual de conversación ángelo-humana: «¡No temáis!» Un ángel debe repetirla dos veces por lo menos antes de que el terráqueo se recupere...

Segunda razón: el ángel tiene una misión que cumplir en nombre de Dios, por Él y a causa de Él; su objetivo es por tanto que glorifiquen a Dios y no a él. No hay ningún rastro de vanidad o de amor propio en el ángel, totalmente dedicado a su Boss. Su Patrón no tiene comparación posible, el ángel carece de ego.

En cambio, y ésta es la tercera razón, el hombre está predispuesto a la idolatría y la magia; si el ángel le dijese su nombre, sería tentado a «volverle» a su servicio, a hacerle un agente doble, por medio de amuletos o toda esa clase de libros prácticos que hoy se venden.

Y que no datan de ayer. En el judaísmo medieval, el libro de Raziel (que se pretende una revelación del ángel Raziel a Adán y que habría pasado de padre a hijo vía Abraham y Moisés) da indicaciones para invocar a los ángeles según los meses, el día y la hora con el fin de conseguir todo lo que se quiere. Es de creer, como hacían los antiguos egipcios idólatras, que ningún ángel puede resistirse si le llaman por su nombre en el lugar idóneo y en el momento oportuno: todo esto huele muy mal...

PAPELES VERDADEROS Y FALSOS

Obsérvese que no es necesario conocer los nombres verdaderos de los ángeles (¿Quién podría decirlos?) para reducirles a esclavitud. Basta con inventarlos. Como «los ángeles llevan el nombre de sus funciones»,[1] la fabricación de ángeles resulta bastante fácil. Basándose en los tres únicos nombres de ángeles que da la Biblia: Miguel, Gabriel y Rafael, basta con declinarlos. Receta:

«En la lengua hebraica, basta con añadir el sufijo *el* a un nombre de cosa o de función para darle una dimensión angélica. La fuerza, por ejemplo, se dice *guevura*. Con un *el* asistimos al nacimiento del ángel *Gavriel* o Gabriel, el mensajero de la fuerza. La curación se dice *rephua*; ofreciéndole un *el* se nos aparece el ángel Rafael, etc. A partir de ese momento cualquier cosa puede convertirse en ángel si lleva esa partícula divina que representan las letras *el*, que significan Dios. Así encontramos *Ruhiel*, ángel del viento (*ruah*), *Chalgiel*, ángel encargado de las nieves (*cheleg*), *Matariel*, *Kojaviel*, encargados de la lluvia, de las estrellas...»[2]

Todo el mundo puede entretenerse con este jueguecito: ¿qué diríais del ángel *Marcel*, ángel del mes de marzo, cuyas alas irían envueltas en un eterno jersey de piel que le librarían de los chubascos?

En 1893, Moise Schwab,[3] sabio paciente, repertorió en 426 páginas, por orden alfabético, los nombres de ángeles y presuntos ángeles que había encontrado en los manuscritos hebreos de la Biblioteca Nacional de París donde trabajaba. Ahí descubrimos que si *Auhabiel*, «amado de Dios», es el encargado del amor, *Pumel*, «boca de Dios», envía a los con-

1. Sefer Raziel, 21 b.
2. Marc-Alain Ouaknun, «Dans le double silence du nom», en *Le Revéil des anges*, Autrement, colección Mutations, n.º 162.
3. *Vocabulaire de l'angélologie*, Archè, Milán, 1989.

denados a la sexta sección del infierno. *Qeccefel* es el ángel de la cólera, *Isdra* del alimento, y *Samariel* un «temblor de Dios». Hay que cuchichear en el oído izquierdo de una mujer con dolores de parto *Elaruss*, nombre del ángel de los desposorios, y si se pierde la memoria inscribir el nombre de *Aunsiel*, ángel de la molestia, sobre un pastel de ahira que luego hay que comer. *Anfiel*, «rostro de Dios», salva de la tempestad. Contra los animales feroces, invocar a *Aftiel*, ángel del crepúsculo, o a *Bahaliel*, ángel del espanto, que sirve para lo mismo. *Dahariel* es el «galope de Dios». *Zediel*, ángel malicioso, y *Hazirel*, «puerco de Dios», símbolo de la inmundicia, tienen mala reputación. Pero *Tubiel*, el ángel gacela, es invocado para retener a los pajarillos...

Estas inscripciones fueron encontradas en pucheros de arcilla, cucharas y pies de cama antiguos. Están muy mal vistas por las personas serias: hablando de lo que ellos llaman «las selvas vírgenes del misticismo medieval», los rabinos recuerdan que «no existe, en verdad, magia en Jacob ni hechicería en Israel»,[1] o, en cualquier caso, no debería haberlo. Porque, como dijo Rabbí Yomtov Lippman Mulhausen a finales del siglo XIV: «Todo intermediario entre el hombre y su Creador conduce a la diablería y a la idolatría.»

Los cristianos, que también han caído a menudo en este tipo de inflación angélica místico-intelecto-extravagante, han recibido más de un tirón de orejas por sus autoridades. En el Concilio de Roma del año 745, bajo el papa Zacarías, la Iglesia sólo reconoce el nombre de los tres ángeles expresamente citados en la Biblia: Miguel, Rafael y Gabriel; todos los demás debían ser clasificados ipso facto, de inmediato y directamente en el campo de los demonios... En el seno del Imperio carolingio, tras el Concilio de Aix-la-Chapelle, en el año 789, todos los que invocaban al resto de los ángeles me-

1. Nombres (XXIII, 23).

nos esos tres se vieron directamente castigados con la excomunión.

Fue un golpe terrible para la carrera del gran Uriel, «Luz de Dios», nombre salido de los apócrifos judíos y con el que muchos cristianos invocaban al cuarto de los siete arcángeles y al que habían empezado a edificar hermosas capillitas —que se encalaron.

Golpe terrible, pero no fatal. Porque Uriel no había dicho su última palabra. Cuando estaba en el armario desde hacía siete siglos, totalmente olvidado por los cristianos, en 1516, en una iglesia de Palermo, bajo la cal encontraron un fresco que representaba a los siete arcángeles, entre ellos Uriel, debidamente nombrado, «con una espada desnuda mientras una llama brotaba delante de sus pies».[1] En Sicilia vieron en ese descubrimiento un milagro, y un sacerdote, providencialmente llamado Angelo del Duca, se dirigió a Roma para predicar esta devoción «nueva» de los siete arcángeles, que consiguió un inmenso éxito hasta en Alemania ¡e incluso en Rusia! Sin embargo, Roma no tardó en recuperarse y de nuevo hizo borrar el nombre de Uriel, que luego no parece haberse recuperado, al menos entre los cristianos.

Hay que respetar el anonimato heroico de los mensajeros de Dios. Lo menos que puede esperarse de los creyentes es que no descubran la tapadera de los agentes del Celeste Bureau...

SERVICIO DE ESCUCHAS

Los ángeles ponen micrófonos, incluso en nuestros pensamientos.

«Ni aun entre tus amigos al rey maldigas, ni en tu dormi-

---

1. Émile Mâle, en *L' Art religieux du xviii siècle*, Armand Colin.

torio maldigas al poderoso, pues las aves del cielo llevan la voz y los alados revelan la palabra»,[1] dice el Eclesiastés. Rabbí Brun explica: «Cuando un hombre duerme, su cuerpo habla con su espíritu, el espíritu con el alma, el alma con el ángel, el ángel con un querubín, el querubín con aquel que tiene alas (el serafín); y el serafín relata lo que se ha dicho ante Aquel cuyas palabras han creado el universo.» Este recorrido de relevos angélicos entre el hombre dormido y Dios explica por qué el hombre puede despertarse triste y de mal humor sin razón: es que su alma era impura.[2]

También entre los musulmanes los ángeles se relevan para establecer una relación permanente entre el hombre y el cielo. Ponen a veinte ángeles por hombre: diez durante el día, a los que relevan otros diez durante la noche. Se les llama *al-Mu'aqqibat* (bendiciones) porque bajan las bendiciones del cielo con la oración del alba y vuelven a subir por la noche con las buenas acciones.

Las malas se quedan en este mundo.

FBI: Flics Benévolos Incorporated

SERVICIO DE ESCOLTA

«Pues sobre ti a sus ángeles da órdenes para guardarte en todos tus caminos», dice el salmo 91, más graciosamente titulado «Bajo las alas divinas». «Él» es Dios, «Tú» es el hombre que busca a Dios en su refugio.

Así pues, mil ángeles forman el séquito de cada hijo de Israel —¡si reza! Si estudia, muchos más todavía. Y si hace las dos

1. Eclesiastés (X, 20).
2. Jacob ben Isaac Achkenazi de Janow, *Tseenah Ureenah*. (Deuteronomio, lección «Eqev».)

cosas, el propio Dios vendrá a protegerle—. En el judaísmo, la asistencia angélica depende de las circunstancias. Por ejemplo: si 999 ángeles se pronuncian por la culpabilidad de un hombre, y uno solo por su inocencia, Dios decidirá en favor del hombre.

«El hombre tiene ángeles agregados por delante y por detrás que le observan por orden de Dios», dice también el Corán.[1] El profeta Mahoma lo explicó de una forma muy hermosa: «Dios confía el creyente a la guarda de ciento sesenta ángeles que dan vueltas, invisibles, a su alrededor; siete (en particular) dan vueltas a su alrededor como las moscas alrededor del plato de miel en un día de verano.»[2]

GUARDIA PERSONAL

Al lado de estos ángeles anónimos, también hay *Al-hafaza*, guardianes. Son dos. Uno está a la izquierda, otro a la derecha del hombre; y son ellos los que registran sus acciones, buenas o malas: lo repetimos, en el islam todo está escrito. Pero estos «ángeles guardianes nobles que escriben: saben lo que hacéis»,[3] se muestran tan comprensivos que parecen francamente parciales.

«El ángel de la derecha da sus órdenes al compañero de la izquierda. Cuando un hombre hace una buena obra, le apuntará diez obras buenas. Si comete una mala, y el compañero de la izquierda quiere apuntarla, el compañero de la derecha le dice: "¡Deténte!" Se le da un plazo de seis horas. Si pide perdón a Dios, no se le anotará nada en el activo salvo que se le apunte una única mala acción.»[4]

---

1. Corán (XIII, 11).
2. Qazwini, 62.
3. Corán (LXXXII, 10-12).
4. Al Baihaki según Abí Uamana.

Este honorable secretario va incluso más lejos: si, tras seis horas de reflexión, ha terminado apuntando una mala acción y luego el hombre ha hecho una buena, se celebran conversaciones entre él y el ángel de la derecha para borrar de cada una de las listas una acción... ¡Los ángeles de Alá son muy misericordiosos!

Sus beneficios prosiguen tras la muerte del hombre. «Ellos dicen: "Señor, habéis hecho morir a vuestro servidor Fulano, ¿adónde iremos nosotros?" Dios les responde: "Mi cielo está lleno de mis ángeles que me adoran y mi tierra está llena de mis criaturas que me obedecen; id a la tumba de mi servidor, alabadme, glorificadme y apuntad vuestras alabanzas entre las buenas obras de mi servidor, hasta el día de la Resurrección."»[1]

A cambio, al final de la plegaria, cuando está sentado sobre sus talones, con las rodillas en el suelo, las manos abiertas sobre los muslos (qu'ûd), después de la segunda prosternación (sujûd), el musulmán vuelve la cabeza a derecha e izquierda diciendo: «¡Que la paz sea con vosotros y la misericordia y las bendiciones de Alá!» dos veces, e inclinándose a cada lado para saludar a cada uno de sus dos ángeles guardianes. ¡Es lo menos que puede hacer por sus fantásticos abogados!

Los judíos también se benefician, según el Zohar, del apoyo de un ángel de clemencia y de un ángel de juicio que cuentan lo que ha hecho «el cuerpo en que Él les ha hecho entrar». Maimónides los asimila a la inclinación buena y mala.

En la tradición cristiana, la idea de tener un ángel bueno y otro malo personal está muy difundida: «Uno malo para probarnos, uno bueno para guardarnos», cuenta incluso La leyenda dorada. Aunque sea popular, ¡qué poco católica es

1. Qazwini, 60.

esta opinión! Verdad es que, entre los primeros Padres, Hermas, Gregorio de Nisa, Orígenes y Casiano sostuvieron que todo el mundo, al lado de su ángel bueno, tenía también uno malo: un demonio. Pero fueron los únicos en afirmarlo. Una aplastante mayoría de teólogos declaró que el infierno estaba demasiado desorganizado para eso. Los místicos, asaltados por multitudes demoníacas cambiantes, les dieron la razón.

GUARDIA DE CORPS,
Y TANTAS OTRAS AFINIDADES

El ángel guardián personal es por tanto de origen cristiano. Su existencia fue revelada por una amonestación de Jesús a propósito de los niños: «¡Atención! No despreciéis a uno de estos pequeños; pues os digo que en los cielos sus ángeles ven continuamente el rostro de mi Padre que está en los cielos.»[1] Más tarde, realmente mucho más tarde, el papa Pío XII exclamará con toda lógica: «Cuando los niños se hacen adultos, ¿los abandonan sus ángeles guardianes? ¡Claro que no!»

En el siglo v el ángel guardián fue admitido por los cristianos. En Oriente sólo se adjudican a los bautizados mientras que en Occidente se afirma que todos los hombres tienen uno a su lado desde que nacen. Esta última doctrina se ha perpetuado hasta la actualidad en la Iglesia católica. Incluso los salvajes del Orinoco, en otro tiempo considerados como los más salvajes de todos los salvajes, tienen cada uno un ángel guardián.

Si la tradición es antiquísima, el culto oficial de los ángeles guardianes es bastante tardío entre los católicos, donde se desarrolló mejor, gracias sobre todo a que los protestantes lo condenaban... Nació bajo la égida del bienaventurado Fran-

1. Mateo (XVIII, 10).

çois d'Estaing, obispo de Rodez, que les consagró una capilla en su catedral donde, con la bendición del papa León X, debía celebrar una primera misa en su honor el 3 de junio de 1529. La asistencia era tan numerosa que el obispo terminó por celebrar la misa al aire libre, con un fondo de montañas. En 1670, Clemente X impuso la fiesta de los Santos Ángeles de la Guarda a la Iglesia universal, pero hasta 1853 no quedaría fijada en una fecha —el 2 de octubre— por el Concilio de Reims.

No importa: los ángeles guardianes no tenían necesidad de consagración para ser populares, sobre todo entre los predicadores. Bossuet les dedicó uno de sus sermones-río lleno de entusiasmo: «Son los embajadores de Dios entre los hombres, son los embajadores de los hombres ante Dios. ¡Qué maravilla!, nos dice san Bernardo. Cristianos, podéis creerlo: no sólo son los Ángeles de Dios, sino también los Ángeles de los hombres.»

«El ángel guardián es un buen consejero, intercede ante Dios en favor nuestro, nos ayuda en nuestras necesidades, nos preserva de accidentes», decía el papa Juan XXIII[1] —¡que incluso utilizaba el suyo como despertador!—. Este guarda personal no tiene menos de seis funciones que cumplir junto al hombre: aleja los peligros que amenazan su cuerpo y su alma, reprime a los demonios, presenta sus súplicas a Dios, ruega a Dios por él, le incita al bien y por último le reprende cuando se aparta del camino recto.

Esta última tarea puede alejarle singularmente de la representación algo blanda que de él ofrecían las estampas de primera comunión con puntillas. Santa Francisca,[2] por ejemplo, tenía un ángel guardián particularmente vigoroso que no le pasaba nada, ni siquiera en público. Así una noche, cuando san-

1. El 26 de diciembre de 1962.
2. Santa Francisca Romana (1384-1440).

ta Francisca recibía a cenar a la flor y nata romana en el palacio de su marido Lorenzo, la conversación se volvió alegremente frívola, y los cotilleos iban a todo tren. Cansada, o impresionada por la presencia de comensales de edad respetable, la joven anfitriona (¡tenía 17 años!) permitió que siguiesen cotilleando. Esta actitud no agradó en absoluto a su ángel guardián. De repente, los invitados estupefactos oyeron una sonora bofetada cuyos efectos vieron inmediatamente sobre la mejilla encarnada de Francisca... ¡Su ángel bueno la había golpeado!

El ángel guardián no abandona a su hombre en el momento de la muerte; según Mélanie de La Salette, espera pacientemente a que su alma salga del purgatorio,[1] cuando se encuentra en ese lugar...

Es imposible coger en falta a semejante conciencia profesional.

Defensa internacional

TROPAS AEROTRANSPORTADAS

«Yaveh enviará contra ti la maldición.»[2] Viendo a los angelotes rollizos y mofletudos de las postales de felicitación, ¿quién pensaría que los ángeles son, en primer lugar, las milicias de los ejércitos celestiales? Estos temibles guerreros no desprecian el combate terrestre de vez en cuando, y su eficacia no necesita pruebas: «Y sucedió que en aquella noche salió el Ángel de Yaveh e hirió en el campamento de los asirios a ciento ochenta y cinco mil, y cuando se levantaron por la mañana, todos ellos eran ya cadáver, estaban muertos.»[2]

1.   Lugar en que las almas de los justos se purifican antes de alcanzar el paraíso al que sólo los santos acceden directamente.
2.   Deuteronomio (XXVIII, 20).

CABALLERÍA

Los ángeles también saben montar a caballo. En el combate, el profeta Mahoma, que luchó mucho montado en una camella blanca, recibió el apoyo de tres mil ángeles-jinetes en Badr, primera gran victoria obtenida por los musulmanes, en 624, el segundo año de la Hégira, cuando combatían trescientos trece contra un millar de pobladores de la Meca mejor equipados. Se cuenta que esos ángeles-jinetes llevaban turbantes amarillos y blancos, y que sus caballos eran ruanos.

ESTADO MAYOR

Cada nación tiene un ángel protector.[2] Miguel es el de Israel, país que defiende con sus legiones de ángeles. Pero cuando su pueblo se aparta de Dios, desaparece para dejar que los ángeles de otras naciones le ataquen e incluso le comuniquen fiebres y pestes. Y cuando Israel vuelve al señor, esos ángeles de otras naciones son rotos «con vara de hierro».[3]

OFICINA DE RECLUTAMIENTO

Miguel es también el protector de Francia. Por eso se apareció, en compañía de santa Catalina y de santa Margarita, las dos vírgenes y mártires, a la joven Juana de Arco para conminarle a ir en busca del Delfín, el futuro Carlos VII, y salvar el país. Desde entonces, tras su éxito, su cremación

1. II Reyes (XIX, 35).
2. Daniel (X, 21).
3. Salmos (II, 9).

y su canonización, Juana es colega de las dos santas como virgen y mártir, y el arcángel patrón de Francia.

ARTILLERÍA PESADA

Como un ángel judío no puede cumplir más que una misión cada vez, el Talmud identifica así a los tres ángeles que, en la Encina de Mambré, visitan a Abraham: Rafael, ángel de la curación, viene para terminar de cicatrizarle su tardía circuncisión; Miguel, protector de Israel, le anuncia el nacimiento de Isaac; y Gabriel, ángel de la fuerza, va a destruir Sodoma y Gomorra.

No existe testimonio ocular de ese aniquilamiento: la mujer de Lot, que se había vuelto para echar una ojeada, fue transformada inmediatamente en columna de sal. ¡Y había sido avisada! La Biblia cuenta que «entonces, Yaveh llovió desde el cielo sobre Sodoma y Gomorra azufre y fuego procedente de Yaveh. Arrasó, pues, estas ciudades y toda la Cuenca, con todos los habitantes de las ciudades y las plantas del suelo».[1] A la mañana siguiente Abraham ve alzarse de las ruinas «como humareda de un horno».

La explicación llegará mucho más tarde, cuando Mahoma pida al ángel Gabriel un ejemplo de su fuerza: «He levantado sobre mis alas, le responderá el ángel, las ciudades de las gentes de Lot, tan alto en los aires que los habitantes del cielo pudieron oír el canto de su gallo; luego volví a bajarlas.»[2]

Temible simplicidad.

---

1.   Génesis (XIX, 24-25).
2.   Citado por Toufic Fahd, en *Génies, anges et démons*, Seuil a propósito del Corán (LXXXI, 19-20).

Seguridad del territorio

CIRCULACIÓN PLANETARIA

Ante todo es preciso que la tierra gire: también es uno de los trabajos angélicos. En la mística judía, los astros reciben sus impulsos de los ángeles.

Los ángeles que habitan las esferas planetarias son responsables de su rotación: son los mecánicos del cielo. Muchos astrónomos, especialmente Kepler, han sostenido la teoría del *angelus rector*, el ángel que conduce el astro, porque se precisa una inteligencia para calcular su órbita y mantenerla. En cuanto al canónigo polaco Nicolás Copérnico, dejó a su muerte un universo heliocéntrico donde el hombre en su terruño se volvía más insignificante, pero donde los planetas seguían residiendo en esferas cristalinas impulsadas por ángeles.

Los ángeles encargados del orden del mundo se llaman, entre los musulmanes, *Al-muwakkalûn*; por el lado poético, el islam tendrá siempre la última palabra: «Se ha confiado el sol a los cuidados de nueve ángeles que le arrojan nieve todos los días, porque si no habría podido quemar todas las cosas.»[1]

CIRCULACIÓN VIAL

El adivino Balaam ha irritado la cólera divina saliendo a remolque de los príncipes de Moab. Por eso, Dios aposta un ángel en su camino, con una espada en la mano a guisa de porra de circulación. La burra de Balaam, al ver al ángel, se sale de la ruta para evitarlo, pero Balaam, adivino poco esclarecido, al no ver absolutamente nada, desloma a su montura para enseñarla a caminar recto. Más adelante, como el paso

1. At Tabarani, según Abí Uamana.

se estrecha, la burra se pega contra un muro para evitar de nuevo al ángel, y hace que el pie de Balaam roce contra la piedra. Segunda paliza. La tercera vez que aparece el ángel, el sendero se ha vuelto tan estrecho que la burra, como no puede proseguir su camino, se tumba; Balaam, que se ha caído, vuelve a pegarle lleno de rabia.

Entonces Dios hace hablar a la burra que insulta a Balaam: «¿Qué te he hecho para que me hayas pegado con ésta tres veces?»[1] Balaam, muy serio, le responde que se ha burlado de él... Termina viendo al ángel, que le aconseja dar gracias a su burra; si ella no se hubiese apartado, el ángel le habría matado con su espada.

Qué lección para un profeta descarriado ver a Dios servirse de la boca de un ángel para hablar, y de los ojos de un asno para ver a un ángel... allí donde el camino se ha convertido en una polvareda.

¡Y pensar que algunos piensan que Dios carece de humor!

SERVICIOS VETERINARIOS

Así pues, los ángeles también son expertos en materia de animales. Incluso de animales salvajes. Podemos comprobarlo cuando el rey Darío envía, de forma bastante poco amistosa, a Daniel al foso de los leones:

«Al amanecer, se levantó el rey apenas rayó el alba y marchó precipitadamente a la fosa de los leones. Cuando se hubo acercado a la fosa, gritó a Daniel con voz lastimera; tomó la palabra el rey y dijo a Daniel:

»—Daniel, siervo del dios vivo; tu Dios, a quien tú reverencias con perseverancia, ¿ha logrado librarte de los leones?

»Entonces Daniel habló con el rey:

1. Números (XXII, 28).

»—¡Oh rey, vive eternamente! Mi Dios ha enviado a su ángel y ha cerrado las fauces de los leones, que no me han causado mal alguno.»[1]

Sin embargo los leones tenían buen olfato, porque cuando Darío envió al foso a los que habían calumniado a Daniel, así como a sus mujeres y sus hijos, «y aún no habían llegado al suelo de la fosa, cuando ya los leones se habían lanzado sobre ellos y les trituraron todos sus huesos».

El ángel-domador se había ido con su circo a otra parte.

EXTINCIÓN DE FUEGOS

Soldados del fuego, los ángeles no sólo no necesitan trajes de amianto, sino que pueden incluso enfrentarse a él. Ejemplo: Azarías, Misael y Ananías son arrojados a un horno por el rey Nabucodonosor. Pero, según cuenta Daniel, el ángel del señor descendió al horno, echó fuera las llamas y sopló sobre el fuego, desde el centro del horno, una especie de frescor de brisa y rocío, de tal modo que el fuego no les tocó y no les causó ni dolor ni angustia. Evidentemente, al rey todo esto le pareció muy raro. Y tomando la palabra «dijo a sus ministros:

»—¿No han sido tres los hombres que hemos hecho arrojar atados dentro del fuego?

»Contestaron y dijeron al monarca:

»—¡Ciertamente, oh rey!

»Respondió el soberano y dijo:

»—He aquí que yo veo cuatro hombres absolutamente libres que caminan por medio del fuego sin padecer daño alguno, y el aspecto del cuarto semeja a un ángel».[2]

1. Daniel (VI, 21-22).
2. Daniel (III, 24-25).

Cuando salieron, nuestros tres mozancones no se habían chamuscado siquiera —y el cuarto, el bombero de servicio, había volado literalmente...

FANFARRIAS Y SERENATAS

Todo el mundo sabe que en los cielos los ángeles zumban con las alas y cantan. Al final de los tiempos también tienen que despertar a los muertos a golpe de trompeta: «Enviará sus ángeles con trompeta sonora, y reunirán a sus elegidos desde los cuatro vientos.»[1]

En el islam, ese papel lo desempeña un solo ángel, gigantesco desde luego: Israfil. Cubierto de pelos rizados y de lenguas, tiene cuatro alas: la primera se despliega sobre Oriente, la segunda sobre Occidente; con la tercera se envuelve, mientras que la cuarta es una vela que lo separa de la majestad divina. Lleva constantemente una trompeta en sus labios para estar dispuesto a soplar en cuanto Dios le dé la orden. Su toque de trompeta resucitará a los muertos en sus tumbas. Mientras tanto, cuando mira al infierno, Israfil sufre y llora de forma tan violenta que la tierra podría quedar inundada por sus lágrimas.

Aunque aman los cobres, los ángeles no por ello desprecian los instrumentos de cuerda. San Francisco de Asís confió cierto día a fray León que se le había aparecido un ángel con un violín. Sólo había rozado las cuerdas una vez y el sonido era tan suave, decía san Francisco, que «si el ángel hubiese tirado el arco hacia abajo, por intolerable dulzura el alma se me habría ido del cuerpo».

1.   Mateo (XXIV, 31).

Servicio de comidas

Ocurre que en los cielos los ángeles cocinan, por lo tanto es lógico que, en tierra, garanticen el servicio de mesa.

ENTREGA A DOMICILIO

El profeta Elías huye de la cólera mortífera de la infame reina Jezabel al desierto donde, completamente extenuado, acaba por dormirse, desesperado y deseando únicamente la muerte: «Y he aquí que un ángel le tocó y le dijo: "¡Levántate y come!" Él miró y he aquí que a su cabecera había una torta cocida sobre piedras incandescentes, y un jarro con agua, y comió y bebió.»[1]

Cierto que el menú es rudimentario, pero se adapta al paisaje y se lo sirven caliente. Algo insistente, el ángel obligará a Elías a comer por segunda vez. Sostenido por ese alimento, cuyo nivel energético debía ser sorprendente, Elías podrá pasar cuarenta días en el desierto sin volver a alimentarse.

En cambio, después de haber pasado cuarenta días y cuarenta noches de ayuno en el desierto, y enfrentado a Satán, los ángeles acudieron para servir a Cristo una colación.[2] Su madre no había necesitado hacer eso: según los Evangelios apócrifos, cuando María era muchacha en el Templo, «cada día se alimentaba únicamente del alimento que recibía de la mano del ángel».[3]

1. I Reyes (XIX, 5-6).
2. Mateo (IV, 11).
3. Pseudo-Mateo (VI, 3). Protoevangelio de Santiago (VIII, 1).

PIZZAIOLO DELIVERY

Más impactante: un ángel puede pasear a un cocinero por más de 600 kilómetros de un terreno minado sin que el plato se enfríe:

«El profeta Habacuc estaba en Judea; acababa de hacer un caldo y de poner el pan en pequeños trozos en un cestillo, e iba a los campos a llevar su comida a los segadores. El ángel del Señor le dijo:

»—Lleva la comida que tienes ahí a Babilonia, a Daniel, que está en el foso de los leones.

»—Señor —respondió Habacuc—, yo nunca he visto Babilonia, y no conozco ese foso.

»El ángel del Señor le agarró la cabeza y le llevó por los cabellos hasta Babilonia donde lo depositó en el borde del foso, con el ímpetu de su aliento. Habacuc gritó:

»—Daniel, Daniel, recoge la comida que Dios te ha enviado.

»—Te has acordado de mí, oh Dios mío —dijo Daniel—, y no has abandonado a los que te aman.

»Se levantó y comió, mientras que el ángel de Dios volvía a llevar inmediatamente a Habacuc a su país.»[1]

BOLDOFLORINE

El ángel no sólo entrega el alimento, sino que ayuda además a la digestión. No suele pensarse que los ángeles puedan pasear por el interior del hombre. Sin embargo, entre los musulmanes ocurre. La asimilación del alimento necesita la intervención de siete ángeles, ni uno más, ni uno menos. El

1.   Daniel (XIV, 33-39). [El texto canónico de Daniel sólo consta de 12 capítulos, que continúa el texto griego, de aparición más tardía y que no incluye en el canon bíblico admitido. (N del T.)]

primero vehicula el alimento dentro del cuerpo, porque el alimento no puede hacerlo por él mismo; el segundo lo mantiene quieto durante su combustión; el tercero le da la forma de la sangre; él cuarto se lleva las sobras; el quinto vela por su distribución entre los huesos, la carne y las venas; el sexto lo asimila a éstos; el séptimo vela para que el conjunto siga siendo armonioso, «porque si, por ejemplo, la cantidad de alimento acumulada en la nariz de un niño fuera igual a la acumulada en su pierna, la nariz se agrandaría, dejaría de ser hueca, y la fisionomía así como la creación resultarían alteradas».[1] Así pues, ese ángel debe aportar a los párpados lo más delgado, a la pupila lo más claro, a los huesos lo más sólido que ese alimento contiene...

Es el arquitecto del cuerpo.

Agenda...

NACIMIENTOS

Desde la maternidad, el ángel opera en la sección de cirugía estética. En efecto, antes de su nacimiento, dice el Talmud,[2] el hombre es un espíritu puro y sabe todo; pero en el momento en que ve la luz, un ángel le pone un dedo en la boca y el hombre olvida la Torá. El pequeño hoyuelo que tenemos entre la nariz y la boca es la huella del dedo que el ángel puso sobre nuestro labio de bebé para que callásemos los secretos divinos... y que nos hizo olvidar.

1. Según Toufic Fahd, citando a Qazwini (62 s), en *Anges, démons et djinns en islam*, en *Histoire des religions*, vol. II, La Pléiade, Gallimard.
2. Nida (16 a, par. 30 b).

BODAS

A menudo el papel de los ángeles consiste en anunciar un nacimiento imprevisto y milagroso a una mujer estéril (Sara e Isaac, la señora Manóah y Sansón, etc.), pero antes también pueden hacer de alcahuetes. En el lenguaje bíblico *chic*, ese oficio se denomina paraninfo. Como hemos visto, a Rafael se le encargó que encontrase una esposa para el joven Tobías: a los siete prometidos sucesivos de la muchacha se los había cargado el demonio Asmodeo... No importa: el ángel tenía la receta, Tobías fue feliz y tuvo muchos hijos.

El Ángel de Dios, nada puritano ni fanático de la monogamia, al menos en los tiempos muy antiguos, le consiguió a Jacob dos esposas: primero Lea y luego Raquel.

ENTIERROS

«Se dio el caso de que murió el pobre y fue llevado por los ángeles al regazo de Abraham»,[1] cuenta san Lucas. Los ángeles también son enterradores. O en términos más celestiales, psicopompos, es decir transportadores de almas. «Cuando se presenta la muerte a uno de vosotros, nuestros enviados lo llaman para conducirlo al Señor, y no son negligentes.»[2] Estos emisarios son el ángel de la muerte escoltado por los ángeles de la misericordia y el castigo.

La tradición judía[3] cuenta que, el día en que David debía morir, el ángel de la muerte *(malaj ha-mavet)* no conseguía acercarse a él porque el rey estudiaba la Torá sin descanso. Entonces al ángel se le ocurrió sacudir los árboles fuera. El rey

1. Lucas (XVI, 22).
2. Corán (VI, 61).
3. Chabat (30 b).

David, al preguntarse qué ocurría, abandonó su estudio y salió. Su pie resbaló, y murió...

En el islam, el ángel de la muerte se llama Asrael (*Izrā'il*). Gigantesco, provisto de cuatro mil alas, tiene tantos ayudantes como personas que mueren. La leyenda cuenta que fue amigo del rey Salomón, al que visitaba, en forma humana, todos los jueves. Una tarde clavó largo rato sus ojos en uno de los invitados del rey. Tras su marcha, el invitado preguntó al rey la identidad de su amigo. Cuando supo que era el ángel de la muerte, se echó a temblar, y para escapar pidió a Salomón poder ser transportado por el viento a los confines de la India. Fue lo que Salomón hizo. Cuando el ángel de la muerte volvió a la semana siguiente a palacio, el rey le indicó que le había visto mirar de forma muy extraña a uno de sus invitados durante su última visita... «En efecto —respondió el ángel—, me extrañaba verle aquí, ¡cuando yo había recibido la orden de apoderarme de su alma muy pronto en los confines de la India!»

¡Nadie escapa a *Izrā'il*! Ni siquiera Moisés, que sin embargo se defendió y, según dicen, le reventó un ojo —cosa que no debió lisiarle demasiado, en la medida en que, según el folclore judío, está totalmente cubierto de ojos.

Moraleja: «Cuando veáis pasar un cortejo mortuorio, sea de un musulmán, de un judío o de un cristiano, levantaos. No es por el cortejo por lo que debemos levantarnos, sino por los ángeles que lo acompañan.»[1]

1. Abû Dâwûd en *Sunan*.

CAPÍTULO

VI

Donde se asciende un peldaño para interesarse
por el aspecto celeste de los ángeles,
por su estatura, el número de sus alas, su canto
y su organización en los cielos.

Donde se descubren ciertas personalidades
impresionantes, incluso espantosas
aunque simpáticas.

Plumajes y ramajes

Según la idea más difundida que circula sobre los ángeles, éstos nunca se desplazarían sin un robusto par de alas. Por lo menos. Aunque también la Escritura nos habla de cantidad de ángeles desplumados, magníficos y sin complejos.

Cuando vienen a la tierra para verse con los hombres, los ángeles se disfrazan de hombres, sin el adorno de las plumas. ¿Cómo lo hacen? Santo Tomás, que lo sabe todo, lo explica de una forma muy sencilla: «En su grado ordinario de dilatación, el aire no retiene ni la figura ni el color; pero cuando se condensa, puede revestir distintas formas y reflejar colores: lo vemos en las nubes. Por lo tanto, es a partir del aire como los ángeles forman cuerpos, con la ayuda divina, solidificándolos mediante la condensación tanto como sea necesario.»[1] Por tanto, los cuerpos que asumen los ángeles estarían formados de una especie de vapor radiante.

BELLO COMO UN ÁNGEL

Aunque es imposible garantizar la receta, el resultado no plantea ninguna duda: está muy conseguido. Los ángeles parecen hombres jóvenes y muy hermosos. También muy bien vestidos. El 1 de marzo de 1431, Juana de Arco respondió con preguntas a los jueces majaderos que la interrogaban:

1. *Suma teológica* (Q. 51, art. 2).

—Cuando san Miguel se le apareció, ¿iba desnudo?

—¿Cree usted que Dios no tenía con qué vestirlo?

—¿Tenía pelo?

—¿Por qué iba a cortárselo?[1]

Y se negó a añadir el menor detalle. Apenas los hay, salvo en Daniel, quien, después de tres semanas de ayuno a orillas del Tigris, vio «un ángel vestido de lino y ceñidos sus lomos de oro de Ufaz. Su cuerpo era como el tarsis; su rostro, como fulgor de relámpago; sus ojos, cual dos antorchas encendidas; sus brazos y sus piernas, como bronce bruñido, y el rumor de sus palabras como el rumor de una multitud».[2] Es el ángel *very smashy* que vio Mr. Chatterton, *isn'it?*

La reputación de belleza de los ángeles es tal entre las mujeres que puede provocar accidentes domésticos. Incluso cuando la supuesta aparición no es más que un hombre, más vale no estar pelando fruta: «Cuando le vieron [a José], le alabaron, se cortaron las manos sin darse cuenta y exclamaron: "¡Dios nos guarde! ¡Esto no es un hombre! ¡Es un ángel noble!"»[3]

Por la parte de Sodoma, la Biblia evoca con toda precisión el destino que amenazaba a jóvenes tan guapos. Este episodio también figura en el Corán, donde basta que Lot, el único justo de Sodoma, vea llegar unos ángeles para que adivine el deseo que iban a provocar entre sus conciudadanos, a los que ofrece, a cambio, sus propias hijas:

«Cuando nuestros enviados llegaron a Lot, éste se afligió por ellos, y su brazo fue impotente para defenderlos. Exclamó:

»—¡Éste es un día duro!

---

1. Proceso citado en *Jeanne d'Arc* de Régine Pernoud & M.-V. Clin, Fayard.

2. Daniel (X, 5-6).

3. Corán (XII, 31).

»Sus gentes, que anteriormente ya cometían maldades, vinieron a él, corrieron hacia él. Lot dijo:

»—¡Gentes mías! ¡Éstas son mis hijas! ¡Ellas os son más puras! ¡Temed a Dios y no me cubráis de oprobio en las personas de mis huéspedes! ¿No hay entre vosotros un hombre recto?»[1]

Dura jornada, en efecto... Los ángeles escaparon de los sodomitas rodeándoles de telarañas. En cuanto a las hijas de Lot, su destino sexual fue peculiar. Fueron las únicas que escaparon con su padre del aniquilamiento de la ciudad, terminaron por emborracharlo para violarlo y así conseguir una descendencia de aquel que, tan servicialmente —y tan inútilmente— las había ofrecido a una violación colectiva. Al parecer, en la época las leyes de la hospitalidad eran más sagradas que el resto. ¡Por no hablar del deber de perpetuar la especie! La moral burguesa es muy posterior, si es que podemos decirlo...

Sin embargo hay una cosa segura: esos hermosos ángeles no llevan alas. Afanosos pero no alados, son ápteros. En primer lugar porque los textos, e incluso Daniel, que suele ser tan preciso, no señalan ningún tipo de ala, pero también porque las alas les molestarían. Si el ángel que vino a anunciar a Manóah el nacimiento de Sansón «elevóse con la llama del altar»,[2] es evidentemente porque no tiene alas; además, Manóah no lo identificó como un ángel. Asimismo, durante todo el viaje con el joven Tobías, nadie desenmascara a Rafael: y le habría resultado difícil caminar con alas, incluso plegadas, pasando desapercibido en medio de una boda. ¿Cómo explicar también que los ángeles de Jacob se empeñen en subir y bajar por una escala,[3] si pueden volar? Incluso si resulta que

1. Corán (XI, 77-78).
2. Jueces (XIII, 20).
3. Génesis (XXVIII, 12).

unas golondrinas saltan de un cable eléctrico a otro sin des-
plegar sus alas para ello, el argumento parece algo traído por
las plumas… Nada indica tampoco que, cuando Gabriel viene a ver a María, lleve alas. El ángel que encuentran las santas mujeres junto a la tumba de Cristo es «un joven (…) vestido con una túnica blanca»,[1] etc., nada de alas.

Además, en el arte cristiano los ángeles no llevarán alas
hasta finales del siglo IV. Por otra razón, sin embargo: porque
muchas divinidades paganas sí tenían alas, y era urgente dis-
tanciarse de ellas. En la Roma de los peplos y los leones ham-
brientos de carne recientemente bautizada, Cupido (*Eros*,
entre los griegos), dios del amor, Victoria (*Niké*), la Victoria,
símbolo del poder de los emperadores, Mercurio (*Hermes*),
mensajero de los dioses, y otros ídolos infames se representaban con alas. Así pues, los primeros cristianos no empluma-
ron a sus ángeles hasta la conversión del emperador Constantino al cristianismo; tras el Edicto de Milán del año 313,
cuando por fin se creyeron al abrigo de las fieras y de moles-
tas confusiones, dejaron que les creciesen unas alas tan grandes que fueron para los ángeles lo que las aureolas para los
santos: un auténtico signo particular. Hasta el punto de que
será necesario todo el genial desparpajo de Miguel Ángel para
atreverse a representar, en su *Juicio Final*, en Roma, un Cristo sin barba, santos sin calzones y ángeles sin plumas. Los
papas obligaron a poner calzones a los santos, pero nadie se
atrevió a re-alar a esos ángeles tan poco convencionales…

Las primeras alas de ángeles se pintaron blancas en Occidente y rojas en Oriente: del color del vino de misa y de las
ropas litúrgicas, que son blancas de pureza en el Oeste, y rojas
del fuego de la iluminación en el Este.

1.   Marcos (XVI, 5).

Y SIN EMBARGO, VUELAN

Pero ¿de dónde venían esas alas?

Del aspecto auténtico que los ángeles tienen en los cielos, mundo naturalmente invisible a los hombres: «¡Alabado sea Dios, Creador de los cielos y de la tierra! Toma por mensajeros a los ángeles que tienen dos, tres o cuatro pares de alas. Añade a la creación lo que quiere»,[1] dice el Corán. Sin embargo, el propio profeta Mahoma no vio más que una o dos veces al ángel Gabriel bajo su aspecto celestial, con sus varios centenares de alas de plumas resplandecientes cubriendo el horizonte, los pies en la tierra y la cabeza en el cielo: ¡cayó tieso y desmayado! Al reanimarle, el ángel comentó: «¿Qué harías si vieses a Israfil,[2] cuya cabeza está debajo del trono y sus pies en la séptima tierra? Sin embargo, ¡ante la Majestad de Dios, se vuelve tan pequeño como un pardillo!»[3]

Como la misión del ángel no era el síncope profético, Gabriel había tomado la costumbre de visitar a Mahoma bajo la silueta de *Dhya al-Kalbî*, la de un joven hermoso de estatura mediana, con vestidos verdes y un turbante de seda, montado en un caballo o en una mula. Este aspecto pasaba, en esa época y en esos lugares, totalmente desapercibido. El ángel, dandy celestial, siempre va a la última moda.

Estos hermosos ángeles que tienen la delicadeza de visitar a los hombres en forma humana constituyen la minoría de un mundo angélico infinitamente mayor.

Y bien guardado. Después de haber expulsado a Adán, «instaló a oriente del vergel del Edén a los querubines con la espada de hoja flameante para guardar el camino del árbol de

1. Corán (XXXV, 1).
2. El ángel de la «trompeta de la resurrección».
3. Ka'b al-Ahbar, citado por Toufic Fahd, en *Génies, anges et démons en islam*.

la vida».[1] Estos querubines, centinelas angélicos del Reino de Dios, tienen alas. El mismo Dios lo dirá cuando pida a Moisés que le construya un santuario móvil, que será el lugar de Su presencia entre Su pueblo en el desierto. Sus órdenes son entonces muy precisas. Quiere que el Arca, cofre de madera de acacia chapado de oro, destinada a contener las Tablas de la Ley, esté rematada por una placa de oro puro, el propiciatorio,[2] flanqueada además por dos querubines en sus extremos. Y sin embargo la Ley, contenida en el Arca, prohíbe cualquier fabricación de imágenes, y Él está especialmente bien situado para saberlo, puesto que es Él mismo quien ha dicho: «No te fabricarás escultura ni imagen alguna de lo que existe en los cielos por arriba o de lo que existe en la tierra por abajo, o de lo que hay en las aguas bajo la tierra.»[3] Sin embargo Dios ordena a Moisés:

«Luego harás dos querubines de oro, de trabajo cincelado los harás, en los dos extremos del propiciatorio. (...) Los querubines extenderán sus dos alas en alto, cubriendo con ambas sus alas por encima el propiciatorio, y los rostros de ellos estarán vueltos el uno hacia el otro; hacia el propiciatorio estarán vueltos los rostros de los querubines. Colocaré el propiciatorio sobre la parte superior del Arca, y en el Arca meterás el Testimonio que te daré. Allí te citaré, y hablaré contigo desde encima del propiciatorio, de entre los dos querubines que estarán sobre el Arca del Testimonio, respecto a todo lo que haya de ordenarte concerniente a los hijos de Israel.»[4]

Todo eso es muy suyo. ¿No prohibió también el crimen, y luego pidió a Abraham que le sacrificase su hijo —antes de impedirle que lo acabase—? Dios celoso (Él reconoce esto

1.   Génesis (III, 24).
2.   La propiciación tiene por objeto hacer favorable a Dios, *propicio*, mediante un sacrificio o un don.
3.   Éxodo (XX, 4).
4.   Éxodo (XXV, 18, 20-22).

de buen grado), prohíbe las representaciones suscepti-
bles de conducir a la idolatría, pero encarga las de querubines vueltos hacia el lugar vacío de Su palabra. ¿Habrá querido indicar así a su oyente que Él continúa emitiendo desde
el paraíso perdido? ¿O que Él mismo es irrepresentable entre
dos representaciones, el Dios siempre invisible, pero más que
nunca el Dios siempre audible: «Escucha, Israel»…? El santuario será la radio de Dios en el desierto.

Compañeros de los querubines celestes, estos querubines
terrenales que señalan con la mirada la fuente de la inspira-
ción profética, tienen forma de hombres con alas. Cuando,
mucho más tarde, Salomón construya por fin el templo de
Jerusalén, conquistado por su padre el rey David,[1] para alber-
gar el Arca de Dios, que junto con Su pueblo, habían dejado
de ser nómadas, hizo dos querubines en madera de olivo sil-
vestre. Cada una de sus alas tenía cinco codos, es decir 2,30
metros, «y explayaban sus alas los querubines, de suerte que
el ala de uno tocaba en el muro y el ala del segundo querubín
tocaba en el otro muro; mientras que sus dos alas tocábanse en
medio de la Casa, ala con ala».[2] En la actualidad es frecuente
ver, a cada lado de los antiguos altares católicos, prudentemen-
te arrodilladas, las modestas réplicas de esos querubines bíblicos, aunque éstos se mantenían muy erguidos. La tradición
judía cuenta, en efecto, que como los ángeles no tienen articu-
laciones en las rodillas, siempre están de pie.

EL CANTO DE LOS SERAFINES

En Jerusalén, más de dos siglos después de la muerte de
Salomón, se conoció la existencia de otros ángeles. Gracias a

1. Alrededor del año 1000 a.C.
2. I Reyes (VI, 26).

un profeta particularmente inspirado: Isaías. En el año 740 a.C., «en el año de la muerte del rey Ozías vi a Adonay sentado sobre trono elevado y excelso, y sus vuelos del manto llenaban el templo. Unos serafines se mantenían erguidos por cima de aquél, con seis alas cada uno; con dos, cubríanse el rostro, con dos se cubrían los pies y con dos volaban. Cada uno clamaba hacia el otro diciendo: "¡Santo, Santo, Santo es Yaveh sebaot; llena está toda la tierra de su gloria!"».[1]

Con dos alas, los serafines se cubren la faz porque están en presencia de Dios; con dos alas, se cubren los pies, eufemismo clásico para designar el sexo (¡otra vez con el sexo de los ángeles!); con dos alas, vuelan. A menudo encontramos estos ángeles hexápteros bajo las cúpulas de las iglesias ortodoxas. En Grecia, parecen buñuelos enroscados; en Rusia tienen el aspecto de estrellas desgreñadas.

También fue un serafín crucificado el que estigmatizó a san Francisco de Asís,[2] dos años antes de su muerte, en el monte Alverno. En el Louvre se encuentra el cuadro que hizo el Giotto del relato de san Buenaventura: «Y he aquí que vio descender de lo alto del cielo un serafín de seis alas resplandecientes como el fuego. Con un vuelo rapidísimo, llegó junto al lugar donde estaba el hombre de Dios y un personaje apareció entre las alas. Era un hombre crucificado, con los pies y las manos estirados y atados a una cruz. Dos alas se alzaban por encima de la cabeza, otras dos estaban desplegadas para el vuelo, las dos últimas le velaban el cuerpo.»[3]

Más célebre todavía es la estatua de la iglesia Santa Maria della Vittoria, en Roma, donde Bernini dejó en mármol el éxtasis que santa Teresa de Ávila[4] recibió, ella también, de un

1. Isaías (VI, 1-3).
2. 1186-1226.
3. San Buenaventura, *Legenda major* (XIII, 2).
4. 1515-1582.

serafín —a pesar de que ella tomase a este anónimo antropo-
morfizado por otro—: «Quiso el Señor que viese aquí algunas veces esta visión: vía un ángel cabe mí hacia el lado izquierdo, en forma corporal; lo que no suelo ver sino por
maravilla. (…) no era grande, sino pequeño, hermoso mucho,
el rostro tan encendido que parecía de los ángeles muy subi-
dos que parece todos se abrasan. Deben ser los que llaman
cherubines, que los nombres no me los dicen…»[1] ¡Por poco,
madre! Se trata de serafines: su nombre viene del hebreo *saraf*, que significa quemar. El ángel le metió un dardo de oro
largo «por el corazón algunas veces, y que me llegaba hasta
las entrañas», dejándola «toda abrasada en amor grande de
Dios». El dolor es tan vivo que Teresa gime, «y tan excesiva
la suavidad que me pone este grandísimo dolor, que no hay
desear que se quite».

No se sabe si ha sido el texto o la escultura lo que más ha
hecho fantasear a muchos… ¡Si supiesen cómo remata su texto santa Teresa («Es un requiebro tan suave que pasa entre el
alma y Dios, que suplico yo a su bondad lo dé a gustar a quien
pensare que miento»), correrían sin perder un minuto a perder sus rótulas en los reclinatorios!

Pictórica y escultórica, la herencia de los serafines también es musical. En efecto, la aclamación que los serafines
«gritan»[2] fue adoptada por la liturgia con el nombre de *qedusha* en hebreo, *sanctus* en latín, o también *trisagion*,[3] en griego. *Qadosh, qadosh, qadosh, Adonai tsebaot* significa: «Santo,
santo, santo, Señor de los ejércitos», es decir de los ángeles,
porque los ejércitos de Dios son celestiales.[4] Según la tradición judía, los ángeles cantan la *qedusha* de noche, para ca-

1. Teresa de Ávila, *Libro de su vida* (XXIX, 13).
2. El hebreo *qara* significa: «enunciar en alta voz la palabra sagrada.»
3. De *in*, tres, y *hagios*, santo.
4. Y no «el Señor del Universo», según la traducción de la misa en
francés; el latín había dejado «*Dominus Deus Sabaoth*», sin molestarse más.

llarse de día cuando a los hombres les toca rezar.[1] Entre los cristianos, la liturgia terrenal participa de la liturgia celestial que no se ha interrumpido desde la Ascensión de Cristo. Además los ángeles van a misa con los hombres, y durante la eucaristía, «todo el santuario y el espacio alrededor del altar están llenos de ejércitos celestiales en honor de aquel que se encuentra sobre el altar, lo mismo que se ve a los soldados estar de pie en presencia del rey», escribe san Juan Crisóstomo. También las mezquitas, en horas de oración, atraen nubes de ángeles viajeros.

DIOS, LLEVADO POR SUS ÁNGELES

Isaías había visto a Dios sobre su trono, y, casi 150 años más tarde, durante el éxodo a Babilonia, Ezequiel verá la base del trono. Es un carro. En el año 592 a.C., el templo de Salomón es destruido, y Dios, de nuevo nómada, rueda con Su pueblo. El profeta Ezequiel ve primero la columna de nubes y de fuego que acompañaba a los hebreos a la salida de Egipto y que Isaías había visto en el templo de Jerusalén. Más tarde, los talmudistas lo llamaron la *chejinaá*, la presencia divina. Luego...

«Del centro del mismo emergía la forma de cuatro seres, cuyo aspecto era éste: tenían forma humana, y cada uno poseía cuatro caras, y cuatro alas cada uno de ellos. Sus piernas eran rectas, y las plantas de sus pies, como la planta del pie de un ternero, y brillaban cual bronce bruñido. Por debajo de sus alas tenían manos de hombre a los cuatro lados, y los cuatro poseían rostros y alas. Sus alas se tocaban las unas a las otras; al marchar no se volvían, mas cada uno marchaba de frente. En cuanto a la forma de sus rostros era rostro de hom-

1. Hagigah (12 b).

bre y los cuatro poseían rostro de león a la derecha, rostro de toro a la izquierda los cuatro, y rostro de águila los cuatro. Sus alas estaban desplegadas hacia lo alto, y cada uno tenía dos que se tocaban las del uno con las del otro y dos que cubrían su cuerpo. Cada uno marchaba de frente: hacia donde el Espíritu los movía a marchar, marchaban, sin volverse al marchar.» ¿A qué velocidad? «Y los seres iban y venían a modo de exhalación.»[1]

Es fácil de explicar el terrible aspecto de estos ángeles extraños, semihumanos, semianimales, por las estatuas del culto babilónico que podían observar, en esa época, los judíos en el exilio. ¿Entonces? El mundo invisible describe, pero no por ello deja de ser menos invisualizable.

Porque eso no es todo. Al lado de estos seres vivos (*hayyot*) de cuatro caras, hay ruedas (*ofanim*) que también son ángeles y que acompañan a los vivos en sus desplazamientos. «Cuando marchaban podían moverse en las cuatro direcciones, sin volverse al marchar. En cuanto a sus llantas, tenían gran altura e infundían terror, pues sus llantas estaban llenas de ojos alrededor en las cuatro.»[2]

Por encima de los vivos y de las ruedas hay «una especie de trono» de zafiro, y encima «un ser con apariencia humana», rodeado de fuego y de un resplandor de arco iris: la gloria de Dios.

Todo esto tiene un sentido.

En primer lugar, Dios. Porque, aunque sea un espíritu puro, cosa que nadie duda, la Escritura le atribuye a menudo un cuerpo humano, una cara, unos brazos, unos pies, unas manos e incluso un dedo particularmente acusador. Es de todos conocida la ironía de Voltaire: si Dios ha hecho al hombre a su imagen, el hombre se la ha devuelto bien... De he-

---

1.   Ezequiel (I, 5-12, 14).
2.   Ezequiel (I, 17-18).

cho, un antiguo *midrash* explica casi lo contrario: esas imágenes no vienen de una proyección del hombre, sino de Su voluntad de emplear el vocabulario de Sus criaturas para expresar Su relación con el mundo.

¿Y ese carro de ángeles extraños? Está en el origen de la primera mística judía, muy anterior a la Kábala, la de la *merkaba*:[1] el carro que describe Ezequiel. Los místicos llegan a contemplar a Dios más allá de la razón humana, a ver lo invisible. Su experiencia sigue siendo prácticamente incomunicable; no obstante son inteligibles las bases de su paso.

Los místicos de la *merkaba*, para llegar a Dios, se agarran al carro de Ezequiel. Esta visión expresa, según ellos, los cuatro universos espirituales que corresponden a las cuatro letras del nombre de Dios: YHVH (Yahvé) según el versículo «Y a todo aquel que lleva mi nombre y en honor mío he creado, formado y hecho».[2] Encuentran ahí cuatro mundos entre Dios y el hombre: el de la gloria, el de la creación, el de la formación, y el de la fabricación; así pues tendrán que subir, a la inversa, desde el mundo de la fabricación al de la gloria, para acercarse a Dios.

Por lo tanto, en lo más bajo, el universo de la fabricación *(asiya)*, el mundo físico en que vivimos, se corresponde con los *ofanim:* las ruedas de la visión de Ezequiel. Por encima, la formación *(yetsira)*, es decir el mundo de los ángeles, que establece el vínculo entre Dios y nuestro mundo; se corresponde con los *hayyot:* los vivos de cuatro caras. Más arriba aún: el universo de la creación *(beriya)*, situado «encima de la bóveda que remata la cabeza de los ángeles», donde se encuentra el trono. Dios se sienta en él, es decir que Él baja por sí mismo hacia nosotros. Y por último, en la parte más alta del todo, la más elevada del universo, el de la Gloria de

1.   Según Aryeh Kaplan, *La Méditation et la Bible*, Albin Michel.
2.   Isaías (XLIII, 7).

Dios (*atsilut*), que encarna, en Ezequiel, al hombre sentado sobre el trono. Se reconocen ahí las «emanaciones divinas» (*sephiroth*), porque[1] «el amor es Su mano derecha; el poder, Su mano izquierda; la gloria es Su cuerpo; la victoria y el esplendor son Sus dos pies... La sabiduría es Su cerebro; la comprensión, Su corazón... Y la corona absoluta es el lugar donde descansan los *tefilin*»...[2]

Aunque podemos trazar la ruta de los místicos de la *merkaba*, resulta difícil saber cómo alcanzaban su meta... Aryeh Kaplan, especialista de la cuestión, emite la hipótesis de que utilizaban ciertos versículos de setenta y dos letras,[3] por ejemplo el que inicia el texto de Ezequiel («El año treinta, el cuarto mes, a cinco del mes, estando yo en medio de los desterrados junto al río Kébar, sucedió que se abrieron los cielos y contemplé visiones divinas»), y que repetían estos versículos como mantras, para ver abrirse los cielos. Místico y misterio tienen desde luego la misma raíz...

Grandes pintores y escultores de ángeles, los artistas cristianos van a quedar mudos ante la visión de Ezequiel, carro demasiado formidable y móvil para ser fijado en una imagen. Un bajorrelieve de la catedral de Amiens muestra a un Ezequiel pensativo, con la cabeza apoyada en la mano, contemplando dos pobres ruedecillas imbricadas una en otra, como si él mismo se desesperase ante esa lamentable representación.

En cambio, los *hayyot*, los vivientes, esos ángeles de cuatro cabezas que soportan el trono de Dios y que la Biblia, sin

1. Introducción al *Tiquné Zohar*.
2. *Tefilin:* Filacterias, cajitas de cuero conteniendo cuatro pasajes bíblicos que los judíos llevan pegadas a la frente y en el brazo izquierdo para decir las plegarias de la mañana.
3. Otra forma de «contar» el nombre de Dios que se escribe en hebreo con letras: *yod, he, vav, he,* transcritas en español: YHVH (y vocalizadas en Yahvé, o Yaveh). Sabiendo que Y = 10, H = 5 y V = 6. Y + YH + YHV + YHVH = 72.

duda por sus zuecos, traduce por «animales», van a tener un destino muy particular. En efecto, san Juan, como antes Ezequiel, los ve y los evoca en su Apocalipsis.

LAS METAMORFOSIS DE LOS VIVIENTES

¡Los Vivientes han cambiado en 650 años! A finales del siglo I han dejado de ser cuadricéfalos, cada uno tiene una cabeza única; han ganado una mayúscula y recuperado los múltiples ojos que había sobre las ruedas desaparecidas del carro ahora inútil: «En medio del trono y alrededor del trono había cuatro seres vivientes repletos de ojos delante y detrás. El primer ser viviente era parecido a un león, el segundo ser viviente era parecido a un novillo, el tercer ser viviente tenía el rostro como de un hombre, y el cuarto ser viviente era parecido a un águila volando. Los cuatro seres vivientes, cada uno de ellos con seis alas, alrededor y por dentro estaban repletos de ojos.»[1]

En el siglo II, san Ireneo reconocerá en esos cuatro Vivientes a los cuatro evangelistas. A esta interpretación vendrán a añadirse otras dos que harán furor, hasta el punto de que figurarán en el pórtico de todas las iglesias medievales, alrededor de Cristo. En el siglo XI,[2] los cuatro Vivientes simbolizan a un tiempo a Jesucristo, a las virtudes de los elegidos y a los evangelistas. Ante todo, Cristo: el hombre es la Encarnación, en Jesús Dios se hace hombre; el cordero: la Pasión en que Cristo se convierte en animal del sacrificio; el león: la Resurrección, porque en esa época se creía que el león dormía con los ojos abiertos, como Cristo en su tumba; por último, el

1. Apocalipsis (IV, 6-8).
2. Émile Mâle, en *L' Art religieux du XIIIe siècle en France* (libro I, cap. 2).

águila representa la Ascensión de Cristo al cielo. Segundo sentido: las virtudes. El cristiano debe ser un hombre razonable, dispuesto al sacrificio como el cordero, sin temor como el león y capaz de contemplar la eternidad de frente, como el águila el sol.

Por último los evangelistas: san Mateo tiene por atributo el hombre, porque su Evangelio empieza por la genealogía humana de Cristo; san Marcos: el león, porque inicia el suyo con la voz del profeta que clama en el desierto; san Lucas: el cordero, porque su introducción recuerda el sacrificio ofrecido por Zacarías; por último, san Juan es el águila, el único animal que mira al sol de frente, pues su Evangelio arranca con la evocación de Dios mismo.

En la actualidad sólo sigue vigente esta última interpretación que era la primera, y los evangelistas siguen siendo representados en compañía de su Viviente celestial. Este conocimiento es de uso común: permite explicar a los japoneses la presencia de un león alado en la plaza San Marcos de Venecia, por ejemplo. Y el mismo Tintín nunca habría encontrado el tesoro de Rackham el Rojo, enterrado bajo «la cruz del águila», si no hubiese podido identificar en esa águila la estatua de san Juan escondida en el baratillo de los hermanos Loiseau, en Moulinsart...

También el islam tiene sus Vivientes: el Corán los llama los ángeles portadores del trono (*Hamalat al-'arsh*) y dice que serán ocho el día del Juicio.[1] Entretanto, son cuatro, como en la Biblia y en el Apocalipsis, y también se presentan bajo las formas de un hombre, de un toro, de un león y de un águila.[2] Según la tradición musulmana, interceden en favor de las criaturas terrenas a cambio de alimento. El primero en favor

1. «Los ángeles estarán en sus confines, y ocho transportarán, entonces, encima suyo, el trono de su Señor.» Corán (LXIX, 17).
2. Qazwini, 56.

de los hombres, el segundo de las bestias de carga, el tercero de las bestias feroces y el cuarto de los volátiles.

Dos están situados bajo el «pie derecho» de Dios, y los
otros dos bajo su «pie izquierdo»: el trono descansa sobre su
espinazo. La estatura de los ángeles más cercanos a Dios es
por lo tanto cósmica, porque *Mijâ'il* (el arcángel Miguel),
cuando pidió permiso a Dios para dar la vuelta al trono, ca-
minó doce mil años sin poder alcanzar uno de los pilares...[1]
¡Y hubo de pararse extenuado! Para ser más concretos, sabemos que uno solo de sus pies equivale a siete mil años de
caminata.[2] Esta medida, que prefigura los años-luz, permite
adelantar, caminando día y noche pero sin prisa, que un pie
de esos ángeles tendría unos 1.634 millones de kilómetros.
A título de comparación, un ángel de un rango muy inferior
tomado al azar en la literatura judía, Sandalfón, por ejemplo,
está considerado grande porque supera a sus compañeros en
500 años de marcha (es decir en 234 millones de kilómetros):
¡no les llega a la altura del zapato a los gigantescos portadores del trono! Tenemos una prueba de ese gigantismo: los
musulmanes clasifican generalmente a los ángeles en tres
categorías: los ángeles del trono, los ángeles celestiales y los
ángeles terrenales.[3]

LOS NUEVE COROS
DE LOS SANTOS ÁNGELES

¿Y los cristianos? Porque san Juan, al ver a los Vivientes,
no es el único apóstol del siglo I en haber visto los cielos.
También los vio san Pablo: «Conozco a uno que vive en Cris-

1. Qazwini, 54.
2. Ps. Balkhi (I, 174).
3. Ghazali, *Ihyâ'* (t. IV, p. 104).

to, arrebatado hasta el tercer cielo hace catorce años (no sé si con el cuerpo, no sé si fuera del cuerpo, Dios lo sabe); y que ese hombre (...) fue arrebatado hasta el paraíso y oyó palabras arcanas que uno no puede decir»,[1] dice. San Pablo habla de él mismo, por supuesto. Pero ¿qué vio? No lo dice. Sin embargo, aludirá en dos epístolas a varias clases de ángeles que se limita a enumerar: los Tronos, las Dominaciones, los Principados, las Potencias y las Virtudes...[2]

Así pues, resulta que los cristianos conocen a los querubines, guardianes del paraíso, que han encontrado en el Génesis; los serafines cantantes de seis alas de los que habla Isaías; los Vivientes portadores del trono de Ezequiel vistos por san Juan; los ángeles mensajeros, mozos tan guapos que salpican toda la Escritura, así como el nombre de tres de los siete arcángeles: Miguel, Gabriel y Rafael. Heredan, además, esa enigmática lista paulina de la que no saben muy bien qué pensar. A principios del siglo v, san Agustín confiesa su perplejidad: «Creo firmemente que hay en el cielo Tronos, Dominaciones, Principados, Potencias, términos con los que san Pablo parece designar a la sociedad angélica. Creo asimismo que estos grupos difieren entre sí; pero, aunque me desprecien, declaro que ignoro lo que son y en qué difieren...»

Habrá que esperar un siglo todavía para saberlo. A principios del siglo vi aparece el libro que va a poner término a todas estas cuestiones: *De la jerarquía celestial* por san Dionisio el Areopagita. Todo el mundo sabe quién era este Dionisio: figura en los Hechos de los Apóstoles por haber sido un filósofo ateniense convertido por san Pablo.[3] ¡Por lo tanto, el apóstol le había contado todo su viaje al tercer cielo! ¡Aleluya! ¡Fiesta y fuegos artificiales! Adoptada de inmedia-

1. II Corintios (XII, 2, 4).
2. Colosenses (I, 16), y Efesios (I, 20).
3. Hechos de los Apóstoles (XVII, 34).

to en Oriente, enseñada enseguida por el papa san Gregorio en Occidente —donde no se difunde en realidad hasta el siglo IX, cuando se traduce al latín—, la jerarquía de Dionisio será digerida definitivamente en el siglo XIII en el gran estómago de santo Tomás de Aquino.[1]

Así pues, éstos son los nueve coros de ángeles cristianos, bien ordenados según una triple jerarquía de tres esferas entre Dios y los hombres.

En lo más alto, cerca de Dios, la primera esfera de perfección, mundo del Espíritu, se encuentran los Serafines, los Querubines y los Tronos. Los Serafines (saraf: quemar) arden de amor de Dios, «purifican a los demás y los iluminan mediante el incendio de su caridad», según santo Tomás. Los Querubines (efusión de ciencia)[2] contemplan la sabiduría de Dios, la belleza y el orden de las cosas. Los Tronos sirven de escaño a Dios; elevados por encima de la tierra, reciben a Dios y le llevan hacia los órdenes inferiores.

La segunda, esfera de iluminación y mundo del alma, une la primera con la tercera: no tiene contacto directo con Dios ni con los hombres. Al recibir la luz divina, anima y ordena el mundo que reviste de belleza. Comprende Dominaciones, Virtudes y Potencias. Las Dominaciones (o Señorías) son un impulso liberado de toda servidumbre hacia la semejanza del Maestro; las Virtudes «una fuerza heroica e inquebrantable». Las Potencias imitan la potencia divina, y establecen los órdenes en dirección del piso inferior.

La tercera esfera, de la purificación o del mundo material, está en contacto con los hombres. Comprende mensajeros y guardianes: Principados, Arcángeles y Ángeles. Los Principados tienen el poder de mando; obedeciendo a los ángeles de

---

1.   *Suma teológica* (Q. 108).
2.   Según una etimología poco fundada, al parecer, de Severo de Antioquía.

arriba, mandan a los de abajo. Los Arcángeles, príncipes de los ángeles, «anuncian grandes cosas», según san Gregorio. Por último los Ángeles, en el peldaño inferior de la jerarquía, son los iniciadores de los hombres, a quienes introducen en los misterios divinos.

Los nueve coros de ángeles están presentes en todas las catedrales, con la forma de nueve círculos luminosos cuyo resplandor aumenta a medida que se acercan a la fuente divina de la luz. En Chartres, en el pórtico meridional, los Serafines y los Querubines, más cercanos a Dios, llevan antorchas y bolas de fuego. En Oriente, los Serafines tienen tres pares de alas rojas y los Querubines cuatro alas azules; los Tronos tienen forma de ruedas encendidas, aladas y salpicadas de ojos; y las Dominaciones, de mujeres con casco y espada; las Virtudes, muy sabias, tienen un libro en la mano, mientras que los Principados adoptan poses marciales. En cuanto a los arcángeles, están individualizados: Miguel lleva una lanza, Gabriel, el mensajero, una linterna, y Rafael, el sanador, un puchero de ungüentos.

Estas representaciones son, sobre todo, medievales. Después del Renacimiento, los cristianos convertidos en humanistas sólo representan a los últimos coros de la última jerarquía, esos Ángeles y esos Arcángeles que vienen a ocuparse de ellos. Ángeles guardianes, turiferarios o diáconos, también se pierden a veces entre la multitud rolliza y sonriente de los pequeños *putti* con rostros de niños. De hecho, lo único que sobresale es la fuerte personalidad de Miguel, su dragón aplastado contra el suelo bajo su pie.

Pero no será hasta finales del siglo XIX cuando se den cuenta, al estudiar el lenguaje y los conceptos de Dionisio, que su vocabulario, neoplatónico era muy anacrónico para el santo que pretendía ser: ¡se trataba de un apócrifo! ¡Un pseudoepígrafe! San Dionisio el Areopagita, gran organizador de los cielos cristianos, fue rebautizado entonces como el pseudo Dionisio, siguiendo el ejemplo del pseudo Enoc, padre de la angelología judía. Devuelto a su verdadera identidad, la de un filósofo del siglo v, se le concedió el mérito de haber casado de manera brillante el pensamiento griego con el pensamiento cristiano. ¿Iban por eso a lavar el baptisterio de Florencia de sus Serafines ahogados en sus plumas y de sus Tronos portadores de ojos tan grandes como tamboriles?

Ni por un segundo pensaron en ello; la noticia cayó en medio de la indiferencia general: ¿quién seguía preocupándose por las jerarquías celestiales? Hacía mucho que no se interesaban por el estado de los cielos, salvo en forma de boletines meteorológicos...

CAPÍTULO

VII

Donde se cuenta la historia de los hombres
que fueron transportados vivos a los cielos
y de lo que allí vieron.

Donde se sigue a Mahoma montado en su burra alada.

Donde se interesa por la triple carrera de los grandes ángeles
Miguel y Gabriel
en el judaísmo, el cristianismo y el islam.

Donde se cuenta un lindo cuento.

Vagabundeos celestiales

Si existen ángeles que vienen a la tierra, también existen hombres que van al cielo; por regla general, porque están muertos. «¡No han vuelto de allí para hablarnos!», exclama entonces el rumor público, desconfiado. «A nadie se ha conocido que retornara del Hades», decían ya, más *chics*, los impíos de los tiempos del rey Salomón.[1] Sólo Enoc y Elías subieron a los cielos sin haber conocido la muerte. Ciertas tradiciones judías llegan a convertirlos incluso en ángeles; Enoc, con el nombre de Metratón, sería incluso el más grande y más poderoso de todos, el «príncipe de la Faz»... Sin embargo, los testimonios que se le atribuyen son demasiado posteriores a su mudanza celestial como para que podamos calificarlos de auténticos.

En cuanto al cristianismo, fue él quien inauguró la era de los resucitados. Por desgracia, se revelaron totalmente mudos sobre sus impresiones de viaje. El ingrato Lázaro, a quien Cristo reanimó cuatro días después de su muerte, cuando «ya huele mal»,[2] no dio ninguna conferencia de prensa al salir de la tumba. Desenrolló sus vendas de antiguo cadáver sin decir ni pío. Sin duda las plegó con cuidado, porque todavía podían servir. Lázaro no era más que un viviente emplazado; su resurrección momentánea era el augurio de una segunda muerte, esta vez ineluctable.

1. Sabiduría (II, 1).
2. Juan (XI, 39).

En cuanto a Cristo, es el primer nacido de entre los muertos. Según el *Credo* de los católicos «descendió al infierno y al tercer día resucitó de entre los muertos». Fue allá abajo a liberar a los cautivos de la muerte, a los Justos, a los patriarcas y en primer lugar a Adán y Eva, a los que su muerte liberaba de su pecado original. Vemos estas escenas en las obras medievales. No en los Evangelios. Entre su Resurrección y su Ascensión, Jesús no aborda el problema; enseña a sus discípulos la vida; para la muerte, ya se apañarán: de todos modos él los resucitará en el día del Juicio.

Ninguno de ellos pensó, por lo demás, en preguntarle sobre este tema: el primero al que se le ocurra la idea, mucho más tarde, andará con pies de plomo para no ser considerado sospechoso, apócrifo: el más antiguo relato del viaje de Jesús a los infiernos, «Las cuestiones de Bartolomé»,[1] data del siglo III.

Entre las grandes voces del monoteísmo, Mahoma constituye por tanto un caso aparte: visitó los cielos con el ángel Gabriel —y lo contó luego a los estupefactos habitantes de La Meca—. Esta ascensión (*Mi'râj*) espiritual, atestiguada por el Corán,[2] está reconocida e incluso fechada por los musulmanes. La tradición es muy habladora en este punto.[3]

CABALGADA NOCTURNA

En la noche del 27 Rajâb del año 620, cuando estaba entre el sueño y la vigilia, en La Meca, el Profeta vio llegar a tres personajes a su cuarto, entre ellos a los ángeles Gabriel

1. En *Apocryphes chrétiens*, La Pléiade, Gallimard.
2. Corán (XVII, 1).
3. Según los «Dichos del Profeta», *Sahîh* de Bujârî, Actes Sud, y comentario de la azora LVII por el Cheich Si Hanza Boubakeur, Maisonneuve & Larose.

y Miguel. El ángel Gabriel, rostro blanco como la nieve y rubios cabellos flotantes, le abrió el pecho y lava su corazón de toda huella de duda y de error con el agua de Zemzem; lo llena luego de sabiduría y de fe sacados de una copa de oro. Luego Gabriel vuelve a cerrar el pecho y conduce a Mahoma de la mano hacia una montura resplandeciente de blancura, entre mula y asno, con alas y cabeza de mujer: al Burâq,[1] cuyo paso podía alcanzar el límite de la vista.

Y empiezan a caminar por encima de las montañas y las dunas. Hicieron un descanso en el monte Sinaí donde Dios habló a Moisés; en Belén, donde nació Jesús, y en Hebrón donde se encuentra la tumba de Abraham. Por fin, en Jerusalén Mahoma dejó su montura para elevarse a los cielos gracias a una escala de luz fijada en el lugar mismo donde Abraham estuvo a punto de sacrificar a su hijo; el vuelo fue tan prodigioso que el pie del profeta y la mano del ángel se imprimieron en el suelo. Todavía hoy enseñan sus huellas bajo la cúpula dorada del Domo de la Roca.

Ya los tenemos en el primer cielo de la luna y las estrellas, donde Mahoma saluda a Abraham. En el segundo cielo, topó con Jesús y con su primo Juan Bautista; en el tercero con Enoc (Idrîs), en el cuarto con José (Yusûf), en el quinto con Aarón (Hârûn), en el sexto con Moisés (Mûsâ), y en el séptimo cielo con Abraham ('Ibrâhîm al-Jalîl), apoyado en la casa de los ángeles, esa celestial mezquita donde 70.000 ángeles entran y salen cada día para no volver nunca.

A continuación, Mahoma es transportado al Lotus azufaifo del Límite cuyas hojas son tan anchas como las orejas del elefante; al otro lado de ese Lotus está lo Desconocido. Luego atraviesa océanos sin fin, zonas de fuego, de gas, de vacío, de

---

1. Y pensar que esta montura maravillosa es el antepasado lingüístico del asno español (borrico), de los bourricots franceses y otras obstinadas borricas... Irónicas conquistas de la Reconquista.

luz, de belleza, de perfección, de soberanía, de unidad... Finalmente, una luz misteriosa lo deja cerca del trono divino. Un frío
glacial se apodera de él, seguido de una dulzura deslumbran-
te, y Dios «inspiró a su siervo, Mahoma, lo que inspiró».[1]

Según la tradición, Mahoma no vio a Dios, pero le perci-
bió por su corazón. Se hablaron por medio de un ángel.

Al final de esa entrevista, Dios le prescribe ordenar a los
creyentes cinco oraciones diarias. En el camino de vuelta,
Mahoma volvió a pasar por la morada de Moisés.

—¿Qué obligación ha sido prescrita? —le preguntó Moisés.

—¡Cincuenta oraciones diarias!

—¡Tu nación no será capaz de hacerlas nunca! Créeme,
mucho antes que tú, yo mismo probé a los hombres, y sufrí
mucho con los hijos de Israel... Vuelve junto a nuestro Señor
y pídele una disminución.

Mahoma volvió, y Dios le dispensó de diez oraciones.
Moisés, que le esperaba, volvió a mandarle por donde había
venido por la misma razón. A cada viaje disminuía el número de las oraciones: cuarenta, treinta, veinte, diez... A la quin-
ta vuelta de Mahoma, Moisés le preguntó:

—¿Cuántas oraciones?

—¡Cinco!

—¡Tu nación no soportará tantas! Vuelve...

—No, ya he pedido demasiado a mi señor, y siento ver-
güenza. Esta vez acepto, me someto.

Así pues, los musulmanes deberán hacer cinco oraciones
por días; la obligación sigue todavía.

Luego, Mahoma volvió a descender por la escala luminosa
hasta Jerusalén, montó a horcajadas sobre su montura alada
y regresó a la Meca.

Allí, al día siguiente su relato suscitó cierta incredulidad,
incluso franca hilaridad entre sus conciudadanos. Hasta que

1.   Corán (LIII, 10).

fueron en busca de Abû Bakr,[1] que había ido a Jerusalén; la descripción que Mahoma le hizo (él, que nunca había ido a esa ciudad antes de cabalgar *al Burâq*) era tan precisa que confundió a los insolentes.

BAJO LAS ALAS DE GABRIEL, EL ISLAM

De la misma forma que la visión de Ezequiel engendró la primera mística de la *merkaba* entre los judíos, la ascensión al cielo de Mahoma engendró entre los musulmanes chiítas la inmensa mística persa del *mi'râj*, cuyo filósofo es Avicena y cuyo poeta es Sohravardî: «Has de saber —escribe este último— que Gabriel tiene dos alas. Una, la de la derecha, es luz pura. Esta ala es, en su totalidad, la única y pura relación de Gabriel con Dios. Y está el ala izquierda. Sobre esta ala se extiende cierta influencia tenebrosa que se parece al color rojizo de la luna cuando se eleva, o al de las patas del pavo. Esa influencia tenebrosa es su poder-ser, que tiene un lado vuelto hacia el no-ser.»[2]

Así pues, el ángel Gabriel tiene un ala vuelta hacia el alba y la luz del Este, y la otra hacia el crepúsculo y las tinieblas del Oeste. Como Oriente simboliza el mundo celestial, y Occidente el mundo terrenal, el peregrino místico deberá «desempurpurar el ala del ángel» orientándose, es decir, literalmente: dirigiéndose hacia el Este de donde brota la claridad. Ese extremo-oriente espiritual se denomina el *Nâ-kojâ-âbâd*: el país del «No-dónde», porque el peregrino no lo encontrará sino en sí mismo.[3]

1. A la muerte del Profeta, se convertirá en el primer califa (*Jalîfat*: sucesor).
2. Sohravardî: «El zumbido de las alas de Gabriel», en *L'Archange empurpré*, Fayard.
3. Henry Corbin explica todo esto con mucho detalle y sutileza en *L'homme et son ange* y en *L'Iran et la Philosophie*, Fayard.

De forma mucho más prosaica, esa mitificación del Oriente espiritual bastaría para explicar por qué los americanos no consiguen en la actualidad ningún éxito entre los ayatolás iraníes cuando les hablan de «civilización occidental»: mucho antes del nacimiento del capitalismo, para ellos Occidente ya representaba la imagen de la peor materia y del oscurantismo más sombrío... ¿De qué otro lugar podía surgir «el gran Satán»?

Dejando a un lado Irán y el chiísmo, el papel de Gabriel (*Jibrīl*) en todo el islam es de suma importancia. También llamado «el Espíritu fiel», es a un mismo tiempo el «que tiene un poder junto al Dueño del Trono»[1] que lleva el Corán hasta el corazón de Mahoma, y el celeste guía que lo conduce en su ascensión hacia Dios; el ángel del conocimiento y el ángel de la revelación.

Su poder es cósmico, porque también es el que hizo empezar el tiempo. En efecto, se dice que cuando los astros se crearon, la luna era tan luminosa como el sol; y si Gabriel no hubiese embadurnado la luna con un golpe de ala, no conoceríamos ni día ni noche.[2] Dejando a un lado la mística particular, la tradición le atribuye seiscientas alas fijadas por grupos de cien, más otras dos a la espalda que sólo despliega para destruir las ciudades —una de sus proezas más famosas sigue siendo el aniquilamiento de Sodoma y Gomorra.

Gabriel es «un ángel forzudo, poderoso e inamovible»,[3] según el Corán. En esto no hace sino tomar su etimología hebraica: *guevura* significa «fuerza» en hebreo, y Gabriel, «fuerza de Dios». En la Biblia le vemos interpretar las visiones de Daniel; el Talmud, que lo relaciona con la destrucción de Sodoma, también le hace destruir el templo de Jerusalén

---

1. Corán (LXXXI, 20).
2. Tabarī.
3. Corán (LIII, 5-6).

y sacar a los tres jóvenes del horno de Nabucodonosor. En el Evangelio según san Lucas, anuncia a María el nacimiento de Jesús. También en el Corán. Gabriel, gran ángel predilecto del islam y santo arcángel de los cristianos, empezó su carrera, igual que su compañero Miguel, en el judaísmo.

DE UN MONOTEÍSMO A OTRO
La triple carrera de los grandes ángeles

Miguel (*Michael*, en hebreo) y Gabriel nunca realizaron ningún aprendizaje. Empezaron inmediatamente en el nivel más alto. Los comentarios rabínicos lo cuentan así: una vez que Dios, el primer día, hubo creado los cielos extendiendo la luz de Su hábito como un manto, y la tierra con la nieve que había bajo el trono de Gloria, dio cuatro lados al mundo: el este, de donde viene la luz; el sur, de donde vienen el rocío y las lluvias de bendiciones; el oeste, de donde viene la oscuridad; y el norte, de donde vienen la nieve, el granizo y las tormentas.

El segundo día, Dios crea los ángeles. Y ahí tenemos ya a Miguel y Gabriel, los primeros entre los mosqueteros del Rey de los Cielos:

«Cuatro grupos de ángeles del servicio escoltan y aclaman al Santo, bendito sea. El primer campamento es el de Miguel que está a Su derecha; el segundo es el de Gabriel que ocupa Su izquierda; el tercero es el de Uriel que se encuentra delante de Él; el cuarto es el de Rafael que está detrás de Él; la Chejina del Santo, bendito sea, está en el centro; y Él está sentado en un Trono elevado y supremo, que está sobrealzado y suspendido arriba, en los aires.»[1]

Uno es de hielo, el otro de fuego; están codo con codo; se

---

1. Pirqé de Rabbí Eliezer, caps. 3 y 4, Verdier.

les supuso desde luego que eran enemigos. Pero los rabinos, hartos, respondieron que no se injuriaban entre sí, en virtud del versículo: «Entroniza la paz en sus alturas.»[1] No había que difundir cotilleos de ese tipo: ¿no fueron los dos, Miguel y Gabriel, testigos en la boda de Adán y Eva?[2] Posteriormente, Omar siguió desmintiendo ese viejo rumor en Mesina: «No son enemigos, ¡y vosotros sois infieles como asnos!» Omar se basaba en el Corán: «¿Quién será enemigo de Dios, de sus ángeles, de sus enviados, de Gabriel y de Miguel? Ciertamente, Dios es enemigo de los incrédulos.»[3] Desde el origen del mundo son compañeros de armas.

Verdad es que Miguel tiene un enemigo. Su nombre mismo lo designa, porque su nombre es una pregunta. *Michael*, en hebreo, significa: «¿Quién como Dios?» Esta interrogación lo enfrenta ferozmente a aquel que tiene el orgullo de responder «¡Yo!» y de pretenderse igual a su Creador: Satán. Los Apocalipsis judíos y cristianos atestiguan la violencia de su primer combate, el día en que Miguel fue encargado de presentar a Adán a los demás ángeles para que se inclinasen ante esta criatura hecha a imagen de Dios. El ángel soberbio[4] se negó. Miguel quitó plumas y expulsó de la corte celestial a este rebelde que trataba furioso de agarrarse a sus alas para arrastrarlo en su caída.[5]

Enemigo del Acusador del género humano, Miguel es por lo tanto amigo de los hombres y su abogado. Hasta el final: es quien presenta y defiende el alma de los justos delante del tribunal de Dios.

Con su nombre en forma de pregunta repetida por Moisés,[6] Miguel se dedicaba evidentemente a la guarda de los

1.   Job (XXV, 2).
2.   Génesis Rabba (VIII, 15).
3.   Corán (XI, 92).
4.   Llamado entonces Sammael en las versiones judías.
5.   Asunción de Moisés (X).
6.   Éxodo (XV, 11).

hijos de Israel, grandes interrogadores ante el Eterno. Por ejemplo, Miguel sacó a Abraham del horno de Nimrod, anunció a Sara el nacimiento de Isaac, luchó contra Jacob, lo bendijo dándole el nombre de Israel e instruyó a Moisés en la Ley.[1] Después, una vez formado el pueblo, Miguel, «Príncipe de Israel» y «uno de los primeros príncipes» según reveló el fiel Gabriel a Daniel,[2] sostendrá a la casa de Israel en todos sus combates con el apoyo de unos 4.960 millones de ángeles que, a sus órdenes,[3] forman un ejército invisible e invencible.

Los kabalistas, que simbolizan a Dios en forma de diez emanaciones divinas (*sefirot*) correspondientes al cuerpo de un hombre, dicen que fue alimentado con leche de la cuarta: *Hesed*, que significa «amor», pero que se localiza en el brazo derecho; Miguel es el amor musculado.

Las circunstancias de la revelación coránica y la inmensa popularidad de Miguel entre los judíos le impidieron sin duda hacer en el islam una carrera tan brillante como su colega Gabriel (*Jibrîl*). No obstante, *Mikâ'il* goza entre los musulmanes de una reputación impresionante. Como Gabriel, forma parte de los cuatro arcángeles encargados de ejecutar las voluntades de Dios en la tierra, y sólo Éste conoce el número de sus alas. Si *Mihâ'il* no puede acercarse a ninguna criatura celestial ni terrenal sin consumirla en su luz, debe a su hielo original olvidado el gobierno de los vientos, de las tempestades y de la lluvia.

Nada, en cambio, impedía a Miguel hacer carrera en el cristianismo. Al contrario: «Es él quien era príncipe de la sinagoga, pero ahora se ha establecido como príncipe de la Igle-

1. Génesis Rabba (XLIV, 16); Targum Génesis (XXXII, 25); Deuteronomio Rabba (XI, 6).
2. Daniel (X, 13, 21).
3. *Encyclopédie de la mystique juive*, de A. Abecassis y G. Nataf, cap. «La merkabah», Berg.

sia», dice *La Leyenda dorada*.[1] Como se pretendía «el nuevo Israel», el pueblo cristiano adoptó de forma natural al ángel protector de aquel con su prodigioso *curriculum vitæ* bíblico de guerrero celestial, amigo de los hombres, juez de las almas y gran aplastador del demonio.

Así pues, ya lo tenemos convertido en san Miguel arcángel. Santo, porque los ángeles cristianos son santos o demonios, sin medias tintas, y ya sabemos de qué lado —¡y con qué determinación!— se ha puesto. Y arcángel, puesto que manda legiones de ángeles.

No va a tardar en mostrar sus capacidades.

SAN MIGUEL ARCÁNGEL
Superhéroe de la cristiandad

En la primavera del año 452, Atila llega a las puertas de Roma. Con sus hordas de hunos, como está mandado. El emperador y el ejército no tienen más que una idea: escapar cuanto antes. Los romanos, abandonados, se vuelven entonces hacia el papa León I, que decide ir a convencer al bárbaro, a cambio de rescate, para que deje en paz a Roma. Cuarenta y cinco años antes, Nicasio, obispo de Reims, había ganado la palma del martirio en ese peligroso juego... No importa, León I tiene una baza en su tiara: antes de partir, consagra solemnemente la ciudad de Roma a san Miguel. Y el milagro se produce: Atila se rinde a los argumentos del Papa y se aleja de Roma, con todos los hunos muy sensatos detrás de él. Por eso se construye una hermosa iglesia al arcángel victorioso, que será dedicada el 29 de septiembre del año siguiente. Ese día será dedicado a san Miguel.

4. *La Leyenda dorada* de Jacques de Voragine, obispo de Ginebra en el siglo XIII. GF-Flammarion.

En febrero del año 590, la peste ha entrado en Roma y los cadáveres se amontonan a lo largo del Tíber seco, el aire apesta. Gregorio el grande, abad de San Andrés del Celio, a quien los cristianos quieren elegir Papa, aunque contra su voluntad, después de tres días de ayuno general, ha hecho sacar el retrato de la Virgen María pintado por san Lucas; los romanos le siguen en procesión. Al frente del cortejo, de pronto Gregorio oye, al otro lado del río, una voces invisibles que cantan lo que terminará convirtiéndose en *Regina cœli:* «¡Reina de los cielos, alégrate, aleluya!»; al mismo tiempo, levantando los ojos ve, sobre el castillo de Crescencio, mausoleo del emperador Adriano, al arcángel vestido de guerrero que guarda en la vaina su espada ensangrentada. El aire se vuelve de improviso puro: san Miguel ha vencido a la peste. Gregorio termina el himno entonado en los cielos con un «¡Ruega por nosotros!» antes de acabar de Papa, santo e incluso doctor de la Iglesia. El mausoleo, rebautizado como «castillo Sant-Angelo» gana, en la cumbre de su torre, una inmensa estatua del glorioso Miguel, que también obtiene un segundo día de festejo: el 8 de mayo.

Pero cuando se trata de dar una paliza al demonio, Miguel también puede presentarse sin necesidad de que lo llamen. En el siglo v, eligió para sí, como primer santuario, el monte Gárgano en el reino de Nápoles, donde había estallado el culto infame del ídolo Mitra. En el año 706 se aparece a Aubert, obispo de Avranches, en el Contentin. Sobre su diócesis se alza el angustioso y negro bosque de Scissy donde todavía subsiste el culto de divinidades solares, entre ellos ese Belenos tan conocido por los lectores de Asterix. No tuvo Aubert que estrujarse muchos los sesos para convertir a esos dioses paganos en verdaderos esbirros de Satán.

Así pues, una noche san Miguel se aparece a Aubert: quiere un santuario en el monte Tombe que domina la región, como ya hay uno sobre el monte Gárgano. Al día siguiente, el obispo, que tiene los pies en la tierra, se convence de que ha soñado: sus preocupaciones cotidianas habrán invadido sus sueños. Por eso trata de olvidarlos. Pasan las semanas, y de repente el sueño enterrado reaparece, con un Miguel furibundo al ver a un obispo tan poco preocupado por obedecerle: ¡quiere su santuario! Al día siguiente, Aubert se convence de nuevo de que alucina, y ahora de una forma obsesiva: se obliga a no volver a pensar en todo aquello. En su tercera aparición, el arcángel san Miguel está francamente rabioso: sacude a Aubert y le anuncia, apuntándole con el dedo a la cabeza, que puesto que es incrédulo va a dejarle una señal. Cuando Aubert despierta sobresaltado tiene la impresión de que algo le ha agujereado el cerebro. Sin embargo, no ve nada...

Habrá que esperar a poder examinar el cráneo, promovido a categoría de reliquia, de Aubert hecho santo, cientos de años más tarde, para encontrar el agujero semejante a una trepanación,[1] dejado por el dedo del ángel; ¡y pensar que los médicos de principios de siglo no siempre conseguían explicarse este fenómeno! Invito a los escépticos a dirigirse a Avranches, en el departamento de La Manche, donde podrán visitar el tesoro de la basílica de San Gervasio que conserva este cráneo agujereado, rodeado por un hilo dorado que produce el efecto más gracioso.

Lo cierto es que por fin Aubert aprendió la lección. Manda iniciar los trabajos de una basílica subterránea en el monte Tombe, semejante a la del monte Gárgano, adonde envía dos frailecillos en busca de un trozo de mármol que Miguel holló con su pie (lo mismo que Gabriel puso su mano en la roca de Jerusalén), así como un retal de la capa roja que el arcángel había dejado para adornar el altar. El viaje de los fraileci-

---

1. El origen y todos los detalles de esta leyenda y muchas otras se encuentran en *Enquête sur les anges* de Anne Bernet, Perrin.

llos, del Contentin al sur de Italia y vuelta, les llevará dos años. Cuando por fin vuelven con sus preciosas reliquias angélicas, el bosque de Scissy ha desaparecido, y sobre la arena sólo emerge el monte Tombe...

Seis meses antes, en marzo del año 709, un terremoto acompañado de un maremoto había hundido la costa del mar. Llamado por Aubert, san Miguel había salvado el monte donde todos, incluso los animales, se habían refugiado. La idolatría satánica había sido engullida junto con el bosque, Lucifer había sufrido una nueva derrota. Coronado por su abadía, el monte Tombe se convirtió en el Mont-Saint-Michel. El arcángel consiguió ahí una nueva fiesta: el 16 de octubre, que se añadirá a la original del monte Gárgano, el 17 de noviembre. ¡Miguel no tenía menos de cuatro fiestas en el calendario!

Sería ingrato olvidarnos de monseñor san Miguel, arcángel guardián de Francia. En el año 710, Childeberto III le consagró su reino. En el año 732, Carlos Martel le invoca en Poitiers, y los sarracenos son derrotados. Carlomagno, para testimoniar la celeste ayuda que el ángel le ha prestado en sus guerras contra los sajones, no vacila en transformar los estandartes de Francia en verdaderos exvotos; desde entonces todos representarán al arcángel con esta inscripción bordada: «Miguel, ese gran Príncipe, vino en mi ayuda.»[1] En 1214, Felipe Augusto, bautizado en la capilla de San Miguel del Palais-Royal de París, también ganó la célebre victoria de Bouvines gracias a su intervención. ¿Por qué no se le imploró, dos siglos más tarde, en Azincourt, donde la flor y nata de la caballería francesa, empantanada, pereció bajo las flechas de los arqueros ingleses? No importa: durante toda la guerra de los Cien Años —que duró 116—,[2] el Mont-Saint-Mi-

1. *Ecce Michael, Princeps magnus, venit in adjutorium mihi.*
2. Como mínimo: 138 si consideramos que concluye con el Tratado de Picquigny (1475).

chel, sitiado, no fue tomado nunca. Y adivinen ustedes cuál es el nombre que, en el verano de 1425, cuando Francia estaba ocupada, iba a susurrar sobre la pequeña Juana de Domrémy. Lo dirá ella misma en su proceso:

«Fue san Miguel al que vi delante de mis ojos y no estaba solo, sino que estaba bien acompañado de ángeles del cielo. (...) Lo vi con mis ojos corporales tan bien como os veo a vos; y cuando se iban yo lloraba y hubiese querido que me llevasen con ellos.

»—¿Qué doctrinas os ha enseñado san Miguel?

»—Entre otras cosas me dijo que acudiese en ayuda del rey de Francia... El ángel me decía la piedad que había en el reino de Francia.»

Y también predice a sus jueces lo que ocurrirá después y que ella ya no vería:

«Del amor o del odio que Dios siente por los ingleses y de lo que Él hace con sus almas, no sé nada; pero sé que serán expulsados de Francia, excepto aquellos que mueren, y que Dios enviará la victoria a los franceses contra los ingleses.»

¡Y así fue! Para ser justos, señalemos que si Miguel llevó a Juana al combate, Gabriel la visitó en la cárcel, el 3 de mayo de 1431, cuando dijo haber tenido «confortación de san Gabriel». Por lo demás, en su estandarte estaban representados los dos arcángeles...[1]

Evidentemente, cuando Luis XI crea la primera orden de caballería real, la pone bajo la bandera de san Miguel, «primer caballero que, por la querella de Dios, batalló victoriosamente contra el antiguo enemigo del humano linaje y lo arrojó del Cielo, y que siempre ha guardado, preservado y defendido felizmente su lugar y oratorio, llamado el Mont-

---

1. Citas extraídas de *Jeanne d'Arc par elle-même et par ses témoins*, de Régine Pernoud, Livre de vie.

Saint-Michel, sin ser sometido ni puesto en manos de antiguos enemigos de nuestro reino».[1] Los treinta y seis caballeros de san Miguel, elegidos entre los más valientes de Europa, no debían quitarse nunca su collar de oro, hecho de seis conchas y de una medalla con su efigie.

En nuestros días, Miguel sigue sirviendo en el ejército francés, en calidad de patrono de los paracaidistas. La idea surgió en los campamentos de entrenamientos militares de la Francia libre en Inglaterra durante la Segunda Guerra Mundial: ¿quién mejor que él habría podido proteger a estos guerreros voladores de nuevo tipo? Luego, los legionarios del II° R.E.P han corregido el canto de las S.S. que invocaba al diablo, para avanzar proclamando a su vencedor: «¡No tenemos armas sólo, también san Miguel camina con nosotros!»

En cuanto a Gabriel, en el ejército francés es el patrón de las transmisiones. Desde 1951 sigue también, a escala mundial, una discreta carrera al frente de Correos y Telecomunicaciones, en recuerdo del mensaje que en otro tiempo llevó a María. El actual desarrollo de los medios de comunicación ha ampliado considerablemente su campo de acción: ¡en la actualidad, tiene que hacer surf en la NET! Más modestamente, los cristianos franceses le han dedicado su Minitel ecuménico, el 3615 Gabriel.

EL ÁNGEL Y EL ERMITAÑO
¿Judíos, cristianos o musulmanes?

Así pues, viajeros por naturaleza, los ángeles vuelan sin anteojeras de un monoteísmo a otro.

A veces dejan hermosas historias: terminan por parecerse

---

1.   Citado por Marc Déceneux en *Mont-Saint-Michel, histoire d'un mythe*, Ouest-France.

tanto que a los mayores sabios les cuesta mucho trazar su origen.[1] «El ángel y el ermitaño» es sin duda la más difundida; en
una forma u otra la encontramos en el Talmud de Babilonia, en
las «Vidas de los Padres», en el Corán, en el *Sefer Maasiot* del
rabino Nissim Gaon, en una *Vida de Merlín* en incluso en el
Zadig de Voltaire, directamente inspirado en el inglés Parnell.

Empecemos por el relato cristiano del siglo VII. Un ermitaño en el desierto de Egipto pide constantemente a Dios que
le muestre Sus juicios. Un día, es escuchado: se le aparece un
ángel bajo la apariencia de un anciano, y le pide que le siga.
Se ponen en camino. Primero son acogidos por un buen hombre que les da todo lo que tiene. Para darle las gracias, el ángel
le roba un plato. El hombre envía a su hijo tras ellos para
recuperar el plato; sin pestañear, el ángel arroja entonces al
hijo por un precipicio. Siguen su camino y llegan ante un
abad, que, negándose a dejarles entrar en su casa, termina por
alojarlos en un establo donde les da de beber y de comer. Sin
embargo, al día siguiente el ángel da al abad el plato robado...

El ermitaño está indignado: ¿son ésos realmente los juicios de Dios? El ángel le revela entonces el sentido de su es-
candaloso comportamiento: el plato procedía ya de un robo,
y no convenía que un hombre virtuoso conservase un objeto de origen dudoso, en cambio, lo que era malo iba a parar
a manos del mal abad para consumar su perdición; en cuanto al hijo, si el ángel no le hubiese matado, habría asesinado
al bueno de su padre aquella misma noche. Este buen hombre, probado en este mundo, podría así, tras su muerte, go-
zar plenamente de la vida eterna, mientras que el malvado,
recompensado en la tierra, luego no tendría nada que recla-
mar e iría derecho al infierno.

La injusticia escandalosa de este mundo sólo era una apa-

1.   Aquí hemos de referirnos al estudio de «La légende de l'ange et
de l'ermite», de Israel Lévi, en *Revue des études juives*, 1884, vol. 8.

riencia; la realidad era la justicia del otro mundo donde Dios pone en práctica realmente Sus juicios.

En la versión musulmana[1] contemporánea, Moisés reemplaza al ermitaño, y un hombre santo, Moisés, al ángel; tenemos por tanto el encuentro de un sabio y un santo, que pide al primero que le siga para aprender: «Si me sigues, no me preguntarás nada sobre cosa alguna hasta que yo te haya hablado de ella», le responde el sabio desconocido. Así pues, hacen camino juntos y suben a una barca; cuando descienden a tierra, el desconocido practica una brecha en su casco. Moisés dice entonces: «¿Lo has barrenado para que se ahoguen sus pasajeros? Has hecho algo enorme.» El desconocido recuerda a Moisés que ha prometido callarse... Prosiguen su camino y encuentran a un joven. El desconocido lo mata.

«¿Has matado a una persona inocente sin ser en compensación de otra asesinada anteriormente? ¡Has hecho algo reprobable!»

El desconocido recuerda de nuevo a Moisés su promesa, y éste vuelve a presentarle sus excusas. Caminan luego hasta una ciudad donde piden hospitalidad, pero los habitantes se la niegan. Hay allí un muro que se desmorona y que el desconocido reconstruye.

«¡Si quisieras, pedirías una recompensa por ello!», dijo Moisés.

Era demasiado para el desconocido, que se separa de él, no sin antes explicarle algunas cosas: «Te informaré de la interpretación de aquello con lo que no has tenido paciencia: El buque pertenecía a unos pobres que lo utilizaban en el mar, y quise estropearlo pues hay un rey detrás de ellos que coge por la fuerza todos los barcos en buen estado. Los padres del muchacho son creyentes y temíamos que les impusiese la rebelión y la incredulidad. Por eso quisimos que su Señor les

1. Corán (XVIII, 65-81).

cambiase el hijo por otro mejor que él en pureza y más próximo en amor filial. El muro pertenecía a dos muchachos de la ciudad, huérfanos. Debajo de él estaba su tesoro, pues el padre de ambos era piadoso y tu Señor quiere que lleguen a la pubertad y que entonces descubran su tesoro por una misericordia de tu Señor. No lo he hecho por mi propio impulso. Ésa es la interpretación de aquello con lo que no has tenido paciencia para descubrir su causa.»

El sentido de este cuento coránico es que los hombres, miopes y prestos a juzgar, no pueden captar la armonía de los planes divinos. Los musulmanes reconocen en el desconocido al profeta *Al-Jadir*, que vive fuera del tiempo y del espacio, y en la eternidad, y a veces se aparece a unos pocos elegidos. Esta forma de existencia angélica lo emparenta con el papel que Elías juega en la tradición judía. Por lo demás, los musulmanes ven el origen de este cuento coránico en la historia judía de Elías y del rabino Josué ben Leví, que vivió en el siglo III.

El rabino Nissim Gaón cuenta esta historia en el libro que escribió en Kairuán, en el siglo X, para consolar a su suegro Dunash de la muerte de su hijo. El rabino Josué, escribe Nissim Gaón, había ayunado y rezado mucho tiempo para que Dios le enviase a Elías. Cuando Elías aparece, el rabino Josué le confiesa que desea acompañarle para instruirse. Elías le responde que no podrá soportar un viaje semejante. Pero como el rabino Josué protesta, Elías termina por aceptar, advirtiéndole que, a la primera pregunta, le abandonará.

Se ponen en camino. Por la noche llegan a casa de una pareja cuyo único bien es una vaca. El marido y la mujer instalan a los visitantes en el cuarto más hermoso. Al día siguiente, Elías reza y la vaca muere.

—¿Por qué has hecho morir a la vaca de estos infelices que nos habían recibido tan bien? —pregunta el rabino Josué.

—Si quieres irte, te lo diré —responde Elías.

Así pues, el rabino se calla. Al día siguiente llegan a casa de un hombre rico que se niega a recibirlos. Y un muro de su casa se desmorona. Elías reza y reconstruye la muralla. Estupefacto, el rabino Josué logra sin embargo callarse. Sufre y camina.

Por la noche entran en una gran sinagoga donde todos tienen un asiento de oro y plata. Las gentes tratan a los viajeros con desprecio, dándoles únicamente agua, pan y sal. Deben dormir donde pueden:

—¡Que Dios os haga jefes a todos vosotros! —les dice Elías al marcharse por la mañana. El rabino Josué contiene con gran esfuerzo su pena.

Por la noche, nueva ciudad donde les festejan y les hacen los mayores honores. Al día siguiente, Elías reza y dice:

—¡Que Dios no os dé más que un solo jefe!

Entonces el rabino explota y pide a Elías que le explique todo.

—El hombre cuya vaca he matado —le cuenta Elías— debía perder ese día a su mujer; he pedido a Dios que la vaca sirva de rescate por el alma de su mujer, porque una mujer es un gran bien y muy útil en la casa. El hombre rico cuyo muro he levantado habría encontrado en sus cimientos, cavando, un gran tesoro. Por último, si he pedido a Dios que convierta a todos aquellos hombres en jefes, ha sido porque para ellos será una desgracia, según el proverbio: «Abundancia de pilotos, navío que naufraga.» Y si he pedido a Dios que los otros sólo tuviesen un jefe ha sido por su bien: «Con un solo protector, una ciudad se sostiene.»

Además de aprender que las mujeres valen más que las vacas, verdad que los intelectuales de las ciudades tienden a ignorar demasiadas veces, los especialistas llegan a la conclusión de que, para escribir este cuento, el rabino Nissin se ha inspirado más en el Corán que en el Talmud: ¿no vivía en país musulmán y muy cerca de Mahoma? Habrá suprimido la muerte del joven para no afligir más a su suegro, que lloraba a un hijo. Por lo demás, el relato talmúdico[1] parece la versión atrofiada de una leyenda judía definitivamente perdida —y que de hecho sería la fuente verdadera de todos estos relatos.

¿Quién fue el primero? No se sabe y tampoco importa. Lo que cuenta es que judíos, cristianos y musulmanes orquestaron del mismo modo unas pocas notas murmuradas por el viento en la noche de los tiempos para hacer con ellas la eterna historia de un ángel que defiende el honor de Dios frente a las desdichas de los hombres.

Podemos medir la distancia recorrida cuando Voltaire utiliza la trama de este cuento, y pone a su Zadig frente a un ángel. Si la historia es exactamente la misma, once siglos más tarde, que en el viejo relato cristiano, la conclusión es muy diferente. Voltaire no es ni cristiano ni ateo, sino filósofo y deísta. El Dios en el que cree no es Aquel que habla en los libros sagrados, sino el fruto de sus reflexiones. En su cuento no hay vida eterna para justificar la actitud del ángel, sino simple moral. Es lo que ocurre con el plato: si el ángel lo ha robado, es porque el hombre que los había recibido tan bien lo había hecho únicamente por vanidad: privado de su plato, se volverá más prudente. En cuanto al beneficiario del robo, es un avaro que, gracias a este regalo, aprenderá los beneficios de la hospitalidad... El universo es racional, y la justicia inmanente. El ángel explica:

—No hay mal del que no nazca un bien, no hay azar: todo es prueba o castigo, o recompensa o previsión... Débil mortal, deja de disputar contra lo que hay que adorar.

—Pero... —dice Zadig.

Cuando decía *pero*, el ángel ya echaba a volar hacia la décima esfera.

---

1. Saca a escena a Benaya, hijo del Sanedrín, y a Asmodeo, rey de los demonios.

Este ángel, discípulo de Leibniz, no conoce ni simpatía, ni compasión hacia el «débil mortal» y no tiene más que plantear sus objeciones, ni siquiera las escucha: el Dios de los filósofos, llamado «el relojero», «el eterno geómetra» o también «el arquitecto del mundo» ha perdido la tierna misericordia de Dios Padre. Al contrario del Dios de Abraham, que siempre termina cediendo a las plegarias, gritos e incluso chalaneos de los hombres, este Ser supremo es una especie de Administrador general, indiferente a las reclamaciones de sus administrados.

No resulta sorprendente que los filósofos, con la facha con que le habían descrito, hayan terminado por librarse, en el cambio de siglo, de ese Dios detestable del que llegan a preguntarse si merece la menor de las minúsculas; realmente tenía una buena bofetada.

Permítasenos, por nuestra parte, preferir a Dios en versión original y la reconfortante conclusión del rabino Nissim:

«Elías añadió antes de irse: "Si ves a un desdichado feliz, no te asombres, ni quedes resentido, porque es para su desgracia. Si ves un justo en la miseria, penando, sufriendo de hambre, sed e indigencia, no te irrites ni cometas el pecado de dudar de tu Creador. Antes al contrario debes creer que Dios es justo, que Su juicio es justo, que Sus ojos velan por los caminos del hombre; y que les dirá: 'Tú, ¿qué haces?'" Tras estas palabras, después de haberse despedido, ambos se separaron.»[1]

¿No es ése el testimonio de una verdadera ternura angélica?

---

1. Traducido por Israel Lévi, según la edición de Amsterdam (1746), *op. cit.*

CONCLUSIÓN

Donde el autor hace votos
que espera que no sean piadosos.

Habría tantas otras historias que contar...

En el capítulo «temblores», por ejemplo, ¿cómo no hablar de Munkar y Nakir? ¡Sería injusto olvidar a granujas como éstos! A estos dos terribles ángeles musulmanes se les encargó, en efecto, ir a interrogar al hombre al cementerio. Nada más ser enterrado, «cuando sus compañeros se van y él oye el crujido de sus calzados alejarse»,[1] llegan nuestros dos bribones. Hacen sentarse al difunto y le interrogan sobre su fe. Aunque responde... «Juro que sólo hay un Dios y que Mahoma es su profeta», su tumba es «ampliada a setenta codos y llenada de verdura hasta el día en que todo el mundo sea resucitado». Pero si el muerto se muestra incrédulo o hipócrita, Munkar y Nakir le dicen: «¡O sea que no has sabido nada, que no has leído nada!», y le golpean con una maza de hierro entre las dos orejas. El hombre lanza entonces tal grito que «todo el vecindario le oye, salvo los hombres y los djinns». Luego le estrechan la tumba hasta el punto de que sus costillas se meten unas en otras.

En ciertas regiones anatolias se construían tumbas altísimas, para que el muerto pudiese estar sentado sin esfuerzo y acogiese dignamente a Munkar y a Nakir. A Dios gracias, la tradición popular quiere que el creyente que no ha cometido faltas sea interrogado por Mubashar y Bachir, dos ángeles al parecer muy encantadores.

1. Al Bojarí y Moslim.

¿Y el caso de Grigio? Éste debe figurar en el capítulo de «animales». Según un proverbio musulmán, los ángeles no entrarían en las casas donde hay perros. Sin embargo, todos los biógrafos de san Juan Bosco se plantean serias dudas sobre Grigio: un moloso gris, enorme y terrorífico. Una tarde de noviembre de 1854 saltó misteriosamente al lado del sacerdote, perdido en lós peligrosos arrabales de Turín, y le guió hasta su casa. Nadie supo nunca de dónde venía ni a quién podía pertenecer. ¡Y no es por no haber investigado! En caso de peligro surgía de ninguna parte, cuando don Bosco estaba a punto de ser agredido, le acompañaba hasta casa, y luego podía desaparecer durante años. Feroz con los bandidos, muy cariñoso con los niños, nunca se le ha visto comer ni aceptar la menor golosina en la cocina del orfelinato, hecho que no atestigua un comportamiento demasiado canino. Lo mismo que su longevidad: en 1803 parecía tan fogoso y fuerte como en su primera aparición, veintinueve años atrás... Interrogado, don Bosco se limitaba a decir que «no era un perro como los demás».

El santo no se atrevía a decir que su Grigio era un ángel «para que la gente no se riese»; sin embargo, desde el profeta Zacarías[1] sabemos que en los cielos hay «caballos overos, alazanes y blancos», que son «los que Yaveh ha enviado a recorrer la tierra»[2] para que le hagan un informe. Estos caballos que hablan y van a inspeccionar el mundo son ángeles: todos los comentarios así lo subrayan. Por eso podrían adoptar una forma animal...

¡No se atrapan ángeles con una red para mariposas! A través de nuestras mallas inadaptadas han pasado miríadas de ellos. ¿Cómo podría ser de otro modo? Las tradiciones son numerosas, los ángeles innumerables, y su historia comenzó mucho antes que el hombre; cuando uno no es poeta, resul-

1. 520 años antes de Cristo.
2. Zacarías (I, 8-11).

ta difícil pretender haber leído todos los libros. Por naturaleza, los archivos de los ángeles parecen destinados a ser volados sólo por encima.

También hay que saber detenerse en el umbral del misterio. Porque lejos de los abracadabras esotéricos, también existen secretos auténticos: los que toca un ser cuando ve lo invisible. A menos de estar encargado de un mensaje, por regla general muy breve, éste no puede ni quiere hablar de ese mensaje. Santa Teresa de Ávila, célebre entre nosotros, nunca habría escrito una línea si no hubiese sido apremiada y forzada a ello por sus superiores. Cuando Dios utiliza confidentes, no los escoge charlatanes. Los amigos del Verbo son gentes muy silenciosas.

Además, los verdaderos místicos tienen problemas con las palabras, demasiado pálidas para describir lo que ven; no cesan de subrayar la pobreza de su vocabulario y su ignorancia frente a lo que tendrían que contar. Seguirlos, tratar de comprenderlos, exige el compromiso espiritual de toda una vida. Sólo tres místicos en cada una de las tres religiones podrían abrir el campo del debate en ese nivel.

Pero ¿lo harían? Lo más verosímil es que no. En ese grado de conciencia, no se puede considerar la posibilidad de una disputa. Sólo los incrédulos tratan de vencerse o de convencerse, lo cual demuestra en el fondo la misma violencia; los creyentes de buena fe, por el contrario, consiguen acercarse gracias a la singular relación que mantienen con su Creador. Como los ángeles, están unidos por la cima. Sin renegar de su identidad, sino al contrario, yendo hasta el extremo de su identidad. En forma de *boutade*, Léon Askenazi dijo en un coloquio en 1968: «Me cuentan un milagro de curación en Lourdes con aparición. Y yo creo en él. Eso no quiere decir que el cristianismo sea verdadero. Eso quiere decir que Dios se ocupa incluso de los cristianos...»[1]

1. Publicado en *Anges, démons et êtres intermédiaries*, Labergerie.

Ahora ya no se trata de disputarse a Dios, sino de compartirlo.

«Pienso en el jefe Ishaq recogiéndose sobre la tumba de un musulmán sin prestar atención a la de un judío, al otro lado de la pared —escribe el padre Christian de Chergé—. Por la noche, sueña: una voz le dice que rece también por el judío... ¿Cómo es posible? Pregunta a su padre, que le da por toda respuesta un versículo del Corán: "Los creyentes son hermanos. ¡Poned la paz entre vuestros hermanos y temed a Dios! Tal vez os tenga misericordia." Y se fue a rezar sobre la tumba del otro.»[1]

El hombre que contaba esta anécdota era el prior del monasterio de Tibhirine, en Argelia: acabó decapitado por unos fanáticos, junto con seis de sus frailes menores. En memoria suya, una enorme muchedumbre, formada por judíos, cristianos, musulmanes y hombres de buena voluntad, fue a depositar en la plaza del Trocadero una montaña de flores blancas.

Diez años antes, el padre Christian había elegido por exergo de una meditación esta pregunta de Julien Green: «¿Cuándo se volverán las religiones lazos de unión entre los seres, y no razones suplementarias para exterminarse?»

¡Ojalá que los ángeles, infatigables tejedores de invisibles lazos, graben esta afectuosa puntuación en más partes que en el mármol de las lápidas funerarias! Después de todo, ése es su papel.

El nuestro es ascender tras ellos la escala que una noche hicieron ante los párpados de un Jacob dormido.

Arriba de todo está la casa de Dios.

1. *L' Invincible Espérance*, Christian de Chergé, Bayard/Centurion. Cita: Corán (XLIX, 10).